# तट से नहीं...
# पानी से बँधती है नाव

(कविता-संग्रह)

तट से नहीं...

# पानी से बँधती है नाव

बाबुषा कोहली

हिन्द युग्म

ISBN : 978-81-948443-3-4

प्रकाशक:
हिंद युग्म
सी-31, सेक्टर-20, नोएडा (उ.प्र.)-201301
फ़ोन- +91-120-4374046

मुद्रक : मनीपाल टेक्नोलॉजीज लिमिटेड
आवरण-चित्र : अमित कल्ला
कला-निर्देशन : विजेन्द्र एस विज

पहला संस्करण : दिसंबर 2021
दूसरा संस्करण : फ़रवरी 2023
मूल्य : ₹249



Tat Se Nahin... Paani Se Bandhati Hai Naav
A collection of poems by *Baabusha Kohli*

Published By
Hind Yugm
C-31, Sector-20, Noida (UP)-201301
Phone : +91-120-4374046
Email : sampadak@hindyugm.com
Website : www.hindyugm.com

**First Edition: Dec 2021**
**Second Edition: Feb 2023**
**Price : ₹249**

*कल्याण-मित्र व अग्रज डॉ. शैलेन्द्र सिंह राजपूत के प्रति*

# कविता-क्रम

**जो डूबा सो पार**

# तट पर त्राटक

रास्ते या नक़्शे से नहीं,
प्यास से पानी का पता मिलता है।

## शुभ यात्रा

वह राह
जो नहीं जाती
मक्का को

पहुँचाती है आख़िर में
मक्का ही
(२०११)

## भरोसा

*(लोर्का की 'आदिला' के लिए)*

वो पेड़ थी
उसने लकड़हारों पर भरोसा किया
वो चिड़िया थी
उसने शिकारियों पर भरोसा किया
वो काग़ज़ थी
उसने दीमकों पर भरोसा किया

काश!
इस बात का अंत किया जा सकता
किसी सुंदर कथन के साथ
जैसे कि वो नाव थी और उसने नाविक पर भरोसा किया

मगर कथा कहती है
कि वो एक लहराती हुई रंगीन पतंग थी
सखी पतंगों के साथ छेक लेना चाहती थी अनंत का टापू
मनाना चाहती थी उड़ान का उत्सव
वो प्रेम करती आकाश से
चाँद की टहनी पर अटकना चाहती थी
मुक्त चाल उसकी
अपनी राह गढ़ती टेढ़ी-मेढ़ी

पर पतंग थी वो
उसने काँच सने माँझे वाली दूसरी पतंग पर भरोसा किया
(२०१५)

## उदास लड़की की हँसी

ऐसा नहीं कि रात के तीजे पहर सूरज उग आता हो
या पतझड़ के दिनों में खिल उठते हों पीले गुलाब

ऐसा भी नहीं कि उसकी खनक भर से
चटक जाते हों बादलों के नाज़ुक काँच
और बूँद बन हर ओर बिखर जाते हों
या गले मिल जाते हों लाहौर-पंजाब

ख़राब मौसमों से बग़ावत नहीं
उसकी रूह की शहादत है
कानों पर ख़बर की तरह दर्ज होती हुई
ज़ेहन पर गहरे निशान की तरह छूटती हुई

दरअसल
एक फ़िदायीन हमला होती है
उदास लड़की की हँसी
(२०१६)

## चौराहे पर नदियाँ

ट्रैफ़िक सिग्नल पर टैक्सी रुकी। काँच पर हथेली की थाप सुनकर मैंने सिर उठाया।
"ऐई सेहनाज! ताड़ाताड़ी कॉरो। आगेर सिग्नले जेते हॉबे।"
एक भारी आवाज़ शहनाज़ को पार करती हुई मुझ तक पहुँची। मैंने शहनाज़ को देखा। वो न स्त्री थी न पुरुष। लेकिन उसके पास इस दौर के स्त्री-पुरुषों से गहरी और करुणा भरी आँखें थीं। पर्स से एक नोट निकालकर मैंने आगे बढ़ाया और उसने अपनी भरपूर हथेली मेरे सिर पर रख दी। उसके हिसाब से वो नोट बड़ा था, मेरे लिए उस वक़्त वो हथेली बहुत बड़ी थी। मेरा जी कर रहा था कि उसके गले लगकर रो पड़ूँ पर सिग्नल ग्रीन हो गया। शहनाज़ के स्पर्श की स्मृति को अपनी डायरी में इस तरह दर्ज कर लिया था मैंने।

**क.**

ठंडा ग्लेशियर मन
पिघला हथेली की आँच से
पहाड़ों में ही नहीं उगती नदियाँ
खिल उठती कभी चौराहों पर भी
शिउली के फूल-सी
तो कभी कलाइयों में बहती गोल-गोल
सफ़ेद-लाल साहिलों के भीतर
खन-खन चाल से बढ़ती
स्मृतियों में बजती हैं
शहर के बीचोबीच बह निकली नदी का जल
ज़ब्त हुआ चंद्रमा की आँख में

मछलियों की गमकती गंध में साँस लेता शहर
नब्ज़-नब्ज़ डूबता
चौराहे वाली नदी की बाढ़ में

लहर-लहर छूटता शहर
चौराहे वाली नदी की गाँठ से
नहीं सूखता कभी
चाँद का जल चखती मछलियाँ
आँखें नहीं मूँदतीं कभी

**ख.**

अब टैक्सी एक निरीह ब्रिज को पार कर रही है
यूँ तो जोड़ते हैं ब्रिज दो किनारों को
कभी-कभी नहीं भी जोड़ते
नदियाँ ड्योढ़ियों पर नहीं रुकतीं
न डरतीं किसी रेड-सिग्नल से
एक नदी साथ चल रही है ऐन नीचे
इस नदी की रूह बड़ी रौशन है
जिस्म कुछ सियाह-सा
हो न हो
इस का नाम शहनाज़ होना चाहिए

**ग.**

पिंजरा है वो क्षण
जिसमें बंद दो चिड़ियाँ
पेट को लगती है भूख
पर बस! रोटी से ही नहीं मिटती
कटोरी में ख़ूब ही दाना
किसी काम का नहीं
नन्हीं जुराबों की गंध से ललचाती चिड़िया

घोंसले के स्वप्न में पिरोती लोरियाँ
चाहती है कम-अज़-कम चिड़िया तो माना जाए
वो दूसरी चिड़िया सफ़ेद-लाल रंगों में रहती चहचह
गूँगे गीतों को लानतें भेजती तो पुचकारती कभी
मौसेरी थीं उनकी भूखें
आसमान के अलग-अलग टुकड़े उनका अन्न-जल थे
(२०१४)

## नमी का व्याकरण

**क.**

दोस्त!
क्या तुमने कभी ऐसा महसूस किया है
कि जब तुम रोना चाहते थे बहुत ज़ोरों से
तुम घिरे हुए थे मसखरों से उस वक़्त
तुम्हारी बायीं आँख से टपकी थी एक बूँद उस चवन्नी के बराबर
जिसे इस पीढ़ी के बच्चों ने कभी देखा तक नहीं

तुम्हारे उस दुर्लभ सिक्के को
पानी भरे बैलून के मामूलीपन में बदलने का करतब जानते हैं
मसखरे
मेले में दिखाते वे लाई-लप्पा का खेल
सफ़ेद बाल वाले नन्हे-मुन्नों को बैलून बेच देते हैं

क्या तुम भागे हो कभी डरकर उस मेले से दूर
बहुत दूर किसी अँधेरी कोठरी की ओर
जहाँ तुम्हारी एक-एक बूँद टूटकर अंतरिक्ष में बिखर जाती हो

कितनी ही बार कार्ल सेगन फुसफुसा जाता कानों में
बाबुषा! ओ बाबुषा!
हम बने हैं सितारों की धूल से

नहीं कार्ल!
मुझे बताना है तुम्हें

सितारे बने हैं कुछ लोगों की आँखों की धूल से
पैसा आँखों की धूल है उनके लिए
जिनकी आँखें टकसाल हैं

दोस्त!
अँधेरे जानते हैं उन लोगों की इज़्ज़त करना
जो कोने में छुपकर अब भी गढ़ लेते हैं
दुनिया से गुम चुके छोटे-छोटे सिक्के
आकाश और कुछ नहीं उनकी चमचमाती चवन्नियों का म्यूज़ियम है

जाने कौन रहा होगा वह बावला
जिसने मसखरों की दुनिया से घबराकर सूरज बना दिया था

एक दिन मैं अपनी बेटी को दिखाऊँगी पूरब में जड़ी दमकती चवन्नी
मैं उसे चवन्नी कमाना सिखा दूँगी

दोस्त!
मैं उसे बनाऊँगी दुनिया की सबसे अमीर लड़की
जो महज़ एक चवन्नी से संसार भर का अँधेरा मोल ले लेगी
जिसकी चवन्नी की बदौलत तुम्हारी दो कौड़ी की धरती रौशन हो रहेगी

**ख.**

जिन पत्तों को
बूँदें लगती हैं भारी
टूटकर वे झर जाते असमय ही

सूखना
कोई वानस्पतिक-प्रक्रिया भर नहीं
एक साक्ष्य भी है प्रकृति के
न्यायपूर्ण व्यवहार का
नमी सहेजने की क्षमता चुकने पर
संकटग्रस्त हो सकता है
हरे रंग का अस्तित्व

कहती रही मैं उन सब से

उस छुटके लड़के को
कुछ देर और रोने दिया जाए
(२०१७-१९)

## हरा गहरा नहीं मिलता

अरसा बीता किसी काली रात की गहरी खोह में बैठे
इस क़दर जगमग हैं चौबीसों घंटे
कि गहरी नीदों में छुपने लायक़ अँधेरा नहीं मिलता

गाँवों में तक नहीं मिलते मीठे पानियों वाले गहरे कुएँ
कब से नहीं मिला कोई मरने की हद तक घायल
किसी की आत्मा पर घाव अब गहरा नहीं मिलता
धड़कते जीवन के मुहाने खुलने वाली कोई गहरी सुरंग नहीं मिलती
यूँ तो हर ओर है बिखरा हरा, गहरा नहीं मिलता

इस बेतरह सूखाग्रस्त समय में घुटने तक भी नहीं डूबता जीवन
क्या करें किस से कह दें
गहरी चुप्पियों में डूबने के सिवाय अब
कोई चारा नहीं मिलता
(२०१५)

## चाह का चक्र

वो नहीं तुम जिससे मैं अपना ख़ालीपन भर लूँ
पात्र वह जिस पर अपना भरापन ख़ाली कर सकूँ
प्रेम में लथपथ होना और बात है
लबालब होना प्रेम में और ही कुछ बात

कुएँ की बुज़ुर्ग मुंडेर पर रखी रहती
प्यासी गौरैयों की चहक
खेतों में लहलहाने के भी पहले
नदी के माथे की सलवटों पर उमग उठतीं गेहूँ की बालियाँ
माँ की छाती भर जाती नवजात की भूख से पहले

तुम्हारा स्वप्न सूखने के पहले गीली रहती आँखें मेरी
(२०१५)

# आदम हुआ न आदम, हव्वा हुई न हव्वा

## प्रस्तावना

हमारी मैत्री से शत्रुता तक की सुदीर्घ यात्रा में
सूर्य समान रूप से बाँटता रहा उजाला
ऋतुओं ने कभी न किया भेदभाव
नदियाँ देती रहीं बराबरी से जल
मृत्यु ने भी किया एक-सा व्यवहार

इस यात्रा के अंत में हमें होना था एक
हम एक-से होने में जुट गए

एक दूसरे से कमतर नहीं बनाया था प्रकृति ने हमें
किंतु एक-सा भी तो न बनाया था, आदम!

ईश्वर के बाग़ से बाहर आते हुए हमें दिखाना था ठेंगा उसे
सेब की मिठास-सी ही एक दुनिया मीठी बना लेनी थी
हमें मनाना था अपनी विविधता का उत्सव, आदम!
एक-दूजे को पाना था-पूरना था।

हम समान होने की जद्दोजहद में आंदोलित होकर रह गए?

तुम अपने पौरुष से मुझे परास्त तो करते?
मैं पूर सकती थी तुम्हें अपने स्त्रीत्व से

हम बचाते धरती के पर्यावरण को
मनुष्यता के गौरव को अपने वैविध्य की दक्षता से

एक पुरुष होना, देह का सबल होना भर नहीं है
न मुक्त स्त्री होना, स्वर का प्रबल भर होना
मुझे होना था रात का रहस्यमय अँधेरा
तुम्हें मुर्गे की भोर खोलती बाँग होना था
मुझे यिन की लचक तुम्हें सुदृढ़ यांग होना था
हमें होना था धूप और छाँव का खेल
रेवा और शोणभद्र का अविश्वसनीय मेल होना था

एक न हुए हम
एक-से होने की ग़फ़लत में
दो विरोधी सेनाओं में बँटकर रह गए

न हम समान हैं
हमारे ग्रह की जो दुर्गति हुई जाती है
न उसका आरोप ही समान

क्या तुम करोगे विचार कि चूक कहाँ हुई, आदम ?

हमें नहीं लौटना वापस उस खूसट परमपिता के बाग़ में
हमारे बच्चे उसे ओ! टिली-लिली कर के चिढ़ाएँगे
उसकी झाड़ूदार दाढ़ी खींचकर भागेंगे
किंतु पहले
करो यह विचार तुम कि भूल कहाँ हो रही है।

कोमल हूँ
चली हूँ और थकी भी बहुत
मैं अब हवा में उड़ती हव्वा होना चाहती हूँ, आदम

## १. मैत्री

अब
जबकि मुझे यह ज्ञात है
कि स्त्री-पुरुष के मध्य मैत्री-सा भाव
अत्यंत क्षणभंगुर है
प्राय: असंभव ही

पुरुष
मित्रता की आड़ में
बहुत जल्दी कर देता है अपनी साथिन को निर्वस्त्र
किंतु स्त्री जब उघाड़ना शुरू करती अपना मन
पुरुष उड़ जाता खुल चुके इत्र-दान की
सुगंध की तरह

इस पृथ्वी पर प्रेम करती स्त्रियाँ हो जातीं निर्वस्त्र
इस पृथ्वी पर मैत्री करते ही नंगा क्यों हो जाता है पुरुष ?
बोलो आदम !

## २. अभिनय

जिस तरह कुछ पुरुष प्रेम का सुंदर अभिनय प्रस्तुत करते हैं,
उसी तरह मैं जीवन का अभिनय सीख पाती
तो बहुत सरल हो सकती थी जीने की विधि

मेरी माँ
यानी कि बड़ी हव्वा कहती हैं
तुम सदा रही आई इतनी सहज
कि संभव ही नहीं था
तुम्हारे जीवन का सरल होना

### ३. निर्लज्जता

आँखों के जल से रगड़कर छुटाना होगा
पृथ्वी के दामन पर लगे दाग़-धब्बे
किंतु शेष नहीं किसी की भी आँखों में
इतनी पवित्रता

इन दिनों स्वप्न भर से हो जा रही
आँखें मैली, आदम!

### ४. कोफ़्त

मुझे इस बात का रंज नहीं
कि चोर द्वार से दबे पाँव निकलकर कोई आदम
किस तहख़ाने में छुप जाता है

ऐसा इस अभागिन धरती पर इतनी अधिक बार हो चुका है
कि इस पर चौंक उठना
डिजिटल पीढ़ी के दुधमुँहों के सामने अपनी हँसी उड़वाना है

मेरी कोफ़्त बहुत अलग है
मुझे टीसती है केवल यह बात कि कोई आदम
किसी हव्वा के प्रेम करने की क़ाबिलियत पर किस हौसले से
छुपकर करता है वार

और किस कलेजे से, आदम?

## ५. अंत:प्रेरणा

बावजूद इसके मुझे करना है प्रेम
बहुत प्रेम
ढूँढ़नी होगी अंत:प्रेरणा, पुनर्जीवित करना होगा प्रेम
जाना होगा बूढ़े वृक्षों, युवा नदियों और टूटते सितारों की शरण में
जगाना होगा पवन की निश्छलता पर पुन: भरोसा
उनींदे शिशुओं का माथा चूमना होगा

मुझे करना होगा सूर्य से,
दढ़ियल खूसट परमपिता से
और आदि महायोगी से प्रेम-
नहीं तो नष्ट हो सकती है पृथ्वी!

छींकते हुए मुँद जाती हैं आँखें
हृदय की एक धड़कन थम भी जाती है

प्रेम करना
छींकते हुए आँखों के खुले रहने का अभ्यास करना भी है
प्रेम करना
छींकते हुए हृदयगति के अबाध चलते रहने की कला सीखना भी है
(मानती हूँ, मुझसे न सध सका)
मुझे साधना है छींक
करना है ब्रह्मपुत्र से; शोणभद्र से प्रेम
नहीं तो नष्ट हो सकती है यह पृथ्वी

कि मेरी एक लापता धड़क का नाम है
शिव
वह औघड़-
विनाश का देवता भी तो है, आदम!

## ६. शत्रुता

और अब
जबकि हम दोनों परम शत्रु हैं
तुम्हारे पास भाषा की दक्षता भी है
भुजाओं का वैभव भी

मैं एकदम नग्न हूँ अपने सत्य के साथ

मेरा सत्य-
मेरी प्रेम करने की क्षमता है, आदम!

संभव है कि तुम बचाते दिखो पृथ्वी
अपने बाहुबल और विद्वता के दम पर
मैं पृथ्वी को अपने प्रेम से बचा ले जाऊँगी

ब्रह्मांड में धुँधलाता कार्ल सेगन का यह छोटा-सा नीला बिंदु
अपनी बेटी के माथे पर लगाऊँगी, आदम!

सच तो यह है कि हम दोनों नहीं हैं शत्रु
(हम नाचीज़ तो पुतले भर है हाड़-माँस के, जिन्हें कल धू-धूकर
भस्म हो जाना है)
तुम भी यह जान लो, प्रिय आदम!
हम नहीं शत्रु
हम तो केवल प्रतीक हैं नन्हे-नन्हे

आओ प्रिय, आदम!
अपने किसी किरदार में ईमानदारी से समाओ
और निभाओ
तुम जानो कि यह युद्ध मेरे और तुम्हारे मध्य नहीं,

यह युद्ध है धर्म और कर्म के मध्य
(धर्म वह; जो धारण किए जाने के योग्य हो
कर्म वह; जो धारण किए हुए को सत्यापित करने हेतु बाध्य हो जाए
जैसे मेरा धर्म प्रेम है
और प्रेम से ही इस दुनिया के सारे कर्म संचालित होने चाहिए थे किंतु
तुम हो कि भयभीत हुए जाते हो संसार के सबसे अहिंसक धर्म से ही,
आदम ?)

यह युद्ध है हृदय की कोमलता और भुजाओं के बल के मध्य
तुम कोमलता से इतने भयभीत क्यों हुए जाते हो, आदम ?

यह युद्ध है भय और निर्भय के मध्य
यह युद्ध छद्‌म और सत्य के मध्य है
यह युद्ध है तुम्हारे व्यवहार के वस्त्र और मेरी स्वाभाविक नग्नता के
मध्य

मैं सारथी भी हूँ,
मेरे काँधे पर तरकश भी
मेरे हाथों में कंपन होगा तुम्हारे असत को बेधने से पहले
किंतु प्रकट हो जाएगा मेरे देह-रथ को खींचने वाला सारथी मेरे ही भीतर
काल और स्थान से परे घटित होगी गीता-
"नैनं छिन्दन्ति शस्त्राणि नैनं दहती पावक:
न चैनं क्लेदयन्त्यापो न शोषयति मारुत:"

तुम बचाना चाहते हो केवल स्वयं को
तुम हव्वा को भी आदम बना रहे हो, आदम ?
आदम ही आदम
हव्वा के भेस में भी आदम !
हे छद्‌म !
उतर जाने दूँगी अपने भीतर निर्मोह का अलौकिक उजास

तुम्हें बेध दूँगी

कि मुझे बचाना है पृथ्वी यह
बेटी के माथे पर लगानी है सत्य की तरह उजली
निर्मल नीली बिंदी

### ७. सीख

अकेलेपन के दु:ख बड़े हैं
साथ के संकट बड़े

उत्तर और दक्षिणी ध्रुव एक-दूसरे के विपरीत हैं
विरोधी नहीं
हमें इतना ही तो सीखना था प्रकृति से, आदम!
(२०१८)

## दुःख का प्रतिबिंब

यह जो क्षण क्षण में उबलता है चूल्हे पर रखी चाय की तरह
दुःख नहीं है
दुःख की महज़ सनसनाहट है

ज्यों नुकीला इंजेक्शन बेध देता त्वचा को
एक तीखी चुभन माँस फाड़ देती है
पीड़ा लेती है अपना पूरा समय प्रारंभ होने के पहले
ठहरती कई दिनों तक नसों में
लहू गुनगुना रखती है

कोई बिंब नहीं होता दुःख का
केवल प्रतिबिंब होता है हथेलियों से ढँके उस चेहरे का
जो दर्पण के सामने से कतराते हुए गुज़रता है
दर्पण का पारदर्शी पैनापन बेध देता आर-पार
दुःख बहता नहीं बाहर
लहू का थक्का बन जम रहता है

फूटता है दुःख बाद बरसों
जब कोई उँगलियों के टिप्पे सहलाता है हौले से
दुःख धीमे-धीमे रिसता है

फूटता है दुःख जब चंद्रमा कर लेता आत्महत्या नदी में कूदकर
पीछे आकाश में उजला प्रतिबिंब छूट जाता है
कवि लगा लेता सीढ़ियाँ आकाश तक

चढ़ जाता ऊँचाई
चंद्रमा का प्रतिबिंब चुरा लाता है

चंद्रमा का शव नदी के भीतर गलता है
(२०१७)

## आत्मालापः कलाओं का शोक और शोक की कला

*(पूर्वी के संग के प्रति सस्नेह,*
*जॉर्ज माइकल के गीतों के प्रति सादर)*

उन दिनों दु:ख और पश्चात्ताप का मासूम देवता था जॉर्ज माइकल
अपने वॉकमैन से गिटार के नोट्स बीनते
मैं सोचती
क्या सचमुच इतना पवित्र हो सकता है किसी का दु:ख?

सी शार्प की शार्पनेस
जॉर्ज के दु:ख के तीखेपन के बिना कितनी फीकी है

उन दिनों एयर गिटार बनाकर पूरे कॉरिडोर में परफ़ॉर्म करती थी
"देयर इज़ नो कम्फ़र्ट इन द ट्रुथ
पेन इज़ ऑल यू'ल फ़ाइंड"

पूर्वी तंज़ से कहती,
"दु:ख नहीं तो दु:ख का ड्रामा सही?"

"पूरी ज़िंदगी ही किसी अंजाने शेक्सपियर का लिखा ड्रामा है, झुम्मा!
दु:ख और छल का ऐसा खेल जिसमें यह तसल्ली शामिल है कि आख़िर
में पर्दा गिर जाएगा।"

अपने फ़लसफ़े से झाड़ देती तंज़ उसके
उसकी आँखों पर पड़ा पर्दा उठा देती

"एक दिन
चंद्रमा को धनुष बना तान दूँगी तीर
अपने हर्फ़ों से बेध दूँगी
वक़्त का कलेजा, झुम्मा!

नदी को जॉर्ज का गिटार कर दूँगी
तट के कोलाहल से चुन लूँगी धुन
बिखरी लहरों पर रिबन की तरह बाँधूँगी गीत
समंदर के काँधों पर लहरें खोल दूँगी

ये जो मेरे दुपट्टे में बबलगम की तरह
उस इकतरफ़ा आशिक़ का दिल चिपका हुआ है न
उसकी आह का भी असर होगा किसी दिन

इस संसार में सब कुछ लौट-लौट आता है
दरिया से उठती हैं धुआँ-धुआँ बूँदें, बारिश बन लौट आती हैं
खेतों में उगती है फ़सलें, बीज होकर लौट आती हैं
चिड़ियाँ छोड़ देती हैं घोसला, आकाश छू लौट आती हैं

एक ट्रेन छोड़ती है मेरा शहर रात आठ चालीस पर
ठहरती है एक दिन उसके शहर
अगले दिन लौट आती है
मेरा इकतरफ़ा राग उसके बाएँ कान को छूकर लौट आता है

देखना!
जॉर्ज और मैं एक साथ
एक लय और एक-सी पवित्रता के उजाले में गुनगुनाएँगे किसी दिन
आय'म नेवा गोन्ना डांस अगेन!
पिघल रही है मेरी आवाज़ की बर्फ़
आँखों में पानी बन लौट आती है"

बीते किसी दिसंबर पूर्वी ने इटली से लिखा-

"यहाँ बर्फ़ पड़ रही है
और जाने क्यों ऐसा लगता है
कि तुम इन दिनों 'केयरलेस व्हिस्पर' गा रही हो
जॉर्ज की मृत्यु के दिन तुम्हें याद करती रही।"

पूर्वी को उत्तर कम लिखे मैंने
आप किसी ऐसे को कम उत्तर लिख पाते हैं
जिसके सामने पहले ही आपका प्रश्नपत्र लीक हो चुका हो

कुछ दिनों बाद उसने लिखा:
"जॉर्ज को भी किताबें लिखनी थी।"

परदेस से लौटकर उसने फिर लिखा:
"जॉर्ज को भी फ़िल्में बनानी थीं।
है न?"

मैंने उसे जो लिखा वह उत्तर नहीं था
चंद्रमा और नदी की जुगलबंदी में
अपने बेसुरे गीतों के पिट जाने की ख़बर थी

झुम्मा!
एक बार गिटार सीखने गई थी 'सिक्स स्ट्रिंग्स क्लासेज़'
उँगलियाँ छिल गईं लौट आई दो दिनों में।
लिखते हुए जाना
कि कविता लिखना भी काग़ज़ पर गिटार बजाना ही है
इटली में जब बर्फ़बारी हो रही थी
बर्फ़ की सिल्ली हो चुके अपने मन पर रखा था मैंने

अपना ही शव पहली बार
मेरे पहले ही अंतिम संस्कार में टूट गए थे जॉर्ज के गिटार के तार,
झुम्मा!

फिर किसी ने फूँक मार मिट्टी में जान भर दी
दिल मेरा उसने दिल की जगह पर नहीं लगाया
दिल को बबलगम कर बालों में उलझा दिया है
वह जानता है बाल मेरे सीधे हैं रेशम की माफ़िक
खिंचते हैं बाल मेरे
टूटते हैं

दुःख का बड़ा अश्लील कारोबार है जॉर्ज से लेकर बाबुषा तक
इन दिनों बाल नहीं काढ़ती हूँ,
फ़िल्में बनाती हूँ इन दिनों
मेरी फ़िल्मों में स्टार नहीं मिलते

जो किसी फ़लसफ़े से बुहारे न जा सकें
मेरी फ़िल्मों में गिटार के टूटे हुए तार और
टूटे हुए बाल मिलते हैं, झुम्मा!
(२०१८)

## साँसें ले लो चवन्नी में चार

दिन-दहाड़े आसमान की जेब कट गई
रोड के आख़िरी टर्न पे टपका
इक सोने का सिक्का

पंछी जंगल शहर समंदर
सारे मालामाल हो गए
अब मंडी में बेचेंगे सब
मुट्ठी भर भर उजियारा

बदले में अपने हिस्से की
साँस ख़रीदेंगे
(२०१६)

## आवश्यक सूचना: एक बच्चा खो गया है

मुखरता,
सुख को छलने वाली छद्म सखी है।

मौन,
दूर शहर में बसने वाला सुख का
कल्याण-मित्र।

भीड़,
सुख की जलकुकड़ी पड़ोसिन है।

कविता,
सुख का स्वप्न देखने वाली
चौदह बरस की किशोरी।

यश,
सुख को बीच चौराहे नोचने वाला
बलात्कारी है।

नैतिकता,
छुट्टी पर गई जाँच-अधिकारी।

नींद,
सुख को पालने में छोड़
अपने प्रेमी के साथ भाग गई माँ है।

जीवन,
सुख की गुल्लक से पैसे चुराकर
शराब पीने वाला सौतेला बाप।

शांति,
संक्रांति के मेले में बिछड़ी सुख की
जुड़वा बहन है।

एकांत,
सुख की चंदामामा वाली मीठी लोरी है।

मृत्यु,
सुख की बहुप्रतीक्षित पक्की नींद।

ईश्वर,
सुख की परीक्षा लेने वाला
खड़ूस मास्टर है।

और प्रेम,
भूख से रोता वह बच्चा,
जिसकी माँ लापता है
जिसका पिता चोट्टा है
जिसकी बहन संक्राति के दिन बिछड़ गई थी;
जिसके नाम की घोषणा
मेले से लगातार की जा रही है।
(२०१९)

## ग्यारह दूनी

ट्रेन में अपनी बर्थ ढूँढ़ते हुए ख़ुद गुम जाती हूँ
इन्कम टैक्स का फ़ॉर्म नहीं भर पाती
खाना नहीं बना पाती
न गाड़ी ही चला पाती हूँ ठीक-ठीक
छोटी-छोटी जुराबें नहीं बुन पाती ऊन की
बिना विशेषज्ञ की मदद के नहीं जान पाती कि दो कप चाय में
कितने चम्मच पत्ती डाली जानी चाहिए कि मेहमान दोबारा भी घर आएँ

अरसे पहले बंद कर चुकी हूँ किसी भी विषय पर बहस करना
साड़ियों और क़मीज़ों की परख नहीं कर पाती कि
किसकी कम सफ़ेद किसकी ज़ियादह
थोड़ी हिंदी, और थोड़ी अँग्रेज़ी, ज़रा-सी उर्दू
और बहुत थोड़ी-सी कन्नड़ और बाँग्ला के भरोसे
कभी-कभी पूछ लेती हूँ
अजनबी औरतों से उनके शहर के बाग़ों के पते

मेहंदी के नाम पर केवल बना पाती हूँ दो पहाड़ियों के बीच
उगता सूरज और उड़ान भरते दो पंछी

जो कभी-कभी हथेली की सरहदें पार कर उड़ जाते हैं
भले ही लौट आते साँझ ढलने के पहले
और नानी कहती रहीं मरते दम तक,
"साँझ ढलने के पहले तो क्या, कोई कभी भी लौट आए तो उसे

भूला नहीं कहते।"
आँगन में रंगोली की जगह लिख देती हूँ कोई टूटी-फूटी कविता-सी
पहचान लेती हूँ शास्त्रीय रागों को, आवाज़ में ढाल नहीं पाती
तेज़ नहीं चल पाती, हाँफ जाती हूँ
धूमकेतु की 'द लेटर' पढ़ाते हुए क्लास में लड़खड़ा जाती हूँ सालों-दर-साल से

बस!
प्रेम ही कर पाती हूँ थोड़ा
पर ठीक से वह भी नहीं

पूजा में कभी बैठ नहीं पाती
प्रार्थना से कभी उठ नहीं पाती
ग्यारह के पहाड़े में अटक जाती हूँ
ठीक दूसरे ही टप्पे पर
(२०१८)

# भँवर में विपश्यना

पक्के सुरों में सध नहीं पातीं
संसार की सबसे कच्ची प्रार्थनाएँ
जल में घुल काँपती हैं
ये सच्ची प्रार्थनाएँ

## प्रेम की गालियाँ

तुम्हें औषध मिले, पीर न मिले
दृष्टि मिले, दृश्य न मिले
नींदें मिलें, स्वप्न न मिले
गीत मिलें, धुन न मिले
नाव मिले, नदी न मिले

प्रिय!
तुम पर प्रेम के हज़ार कोड़े बरसें
तुम्हारी पीठ पर एक नीला निशान तक न मिले
(२०१६)

# पहले दौंगरे के बाद

## १. आस्था

मुरझाया था
वसंत का
विलासी उठान

कुम्हलाए थे
फाग के
सिंदूरी स्वप्न

मद्धिम थी
पतझर में पत्तों के
झरने की इच्छा

मृत्यु की गंध थी तीव्र इतनी
कि अनसुने किए
प्राय: मैंने
कोयल के सच्चे संदेसे

इतनी यातना के बाद जब आई
बरसात

मैं
एक बार
फिर से आस्तिक हो गई

## २. विस्मृति के धारासार में

आँख से टूटा
आकाश की धातु में जड़ा मोती
इंद्रधनुष सिरजती अँगुली से छिटक
गिरी दरिया में मुंदरी

नहीं, कालिदास!
उस मछली को मत काटो
महाराज को कुछ याद आए चाहे
न आए...

पानी के अटूट मौन में
मछली है पानी का बोल
ज्यों प्रेम की अखंड चुप्पियों में
बोलती बरसात

## ३. औषधि

पहली ही बरसात में धरती की खोह से
बाहर निकल आते बिच्छुओं के दल
ज्यों मेरे मन के कोटरों से रेंगते हुए
पन्नों पर आ बसती कविता
प्रेयस की भीगी
चितवन के आघात से।

नमी
मिट्टी का गढ़ तोड़
देती है। तोड़ देती
मिट्टी का मन...

पीठ थपथपाकर दूर निकल जाए मृत्यु
चुटकी भर चाट लेने से,
वर्षा, कविता और
प्रेम...
ऐसे ही विष हैं।

संसार की सभी औषधियों पर
झींगुरों ने मारी है फूँक
एक सीली-सी पुड़िया सहेजी मैंने उम्र की दराज़ में

जिसका मोल
इस संसार में केवल बच्चे अदा कर सकते हैं।

## ४. बूँद

तुम
वह बरसात हो
जिसकी एक बूँद माथे पर रख
सुहागिन हो जाती हूँ मैं
कोख में धर लूँ तो
पृथ्वी

इतना जल है तुम्हारे हृदय में
कि धो डाली जाएँ
कितनी ही ऐतिहासिक धृष्टताएँ

एक गूँगे सलीब से रिसता है
ईश्वर के अनाथ बेटे का
गर्म लहू

दुनिया भर की सलीबों के
धब्बे छुटाती हूँ अँजुरी भर तुम्हारी नमी
उलीचकर

स्कूल की आधी छुट्टी में
बच्चों की ख़ाली बोतलें भर आती हूँ

## ५. वेदना-काल

धरती पर
पहली बूँद की चोट से
पैदा हो जाती इच्छा चट्टानों के बीच कोपल बन

ऋतुओं में अनाम यह समय
तुम्हारी प्रिया की कथा में
जाते जेठ और
आते सावन का असह्य वेदना काल

इस छोर से उस छोर तक
बढ़ते हुए मेघ
नभ भर कर रहे विस्तार
बारहमासों की धूप
मेरी रगों की ओट में आ छुपी है

हरियाली
ईश्वर की देह का उघड़ा हुआ घाव है

**६. काँच का पानी**

मानो टूट गया
        स्वप्न वह आकाश का
                जेठ की नींद में संजोया हुआ।

        चलना संभल कर
                काँच की किरचें बिछी हैं
                        सड़क के सुनसान में।

.......

                        हवा न छूना
                हाथ कट जाएगा
        कविता से बचना
या कि कविता में बचना।

**७. उम्र**

पृथ्वी की कुल उम्र जो होती
एक अनवरत
बारिश

कितनी बड़ी होती तुमसे
वह बूँद
अभी-अभी टप-से पड़ी जो
तुम्हारी घड़ी पर

## ८. सिरजना

मीठी लोरी में बदल रही हैं
मेरी सारी
अ धू री कविताएँ।
...
सारे अमूर्त स्वप्न,
(जिनके अधटूटे टुकड़े कभी
मेरी कच्ची-सी नींद को गड़ते थे)

साँची-सारनाथ या भरहुत के स्तूप हो रहे हैं

संसार भर में वर्षा की कई प्रतियाँ उपलब्ध हैं
जल के कई संस्करण प्रकाशित, अप्रकाशित, अनूदित
विद्वान पढ़ते हैं जल में जीवन
कोई अनपढ़ ही जीवन में जल ढूँढ़ पाता है

मेरी आत्मा के पन्ने रह-रह फड़फड़ाते
नमी के आघात से प्रकृति की जिल्द फट जाती है

असंख्य नक्षत्रों-पिंडों से भरे इस भव्य ब्रह्मांड में
अकिंचन मेरी देह-
किस तरह उग रही है एक हरी कोपल
मुझसे फूटकर

ऋतुएँ बदल रहीं एक अकम्प प्रार्थना में
दिन-ब-दिन मैं हो रही हूँ पृथ्वी

## ९. बाँधना छाँव से

बारिश
जब लिखे
तिरछी हैंडराइटिंग में
तुम्हारे नाम की नन्ही-सी स्पेलिंग
एक घना पेड़ बन जाए धरती की नोटबुक पर

घबराना मत
कि लोग पढ़ नहीं पाते यह लिपि
बल्कि देखना कि तुम्हें बूझने लगे हैं आवारा परिंदे और बाग़ी हवा

जानना
मनुष्यों से अधिक मानवीय होते हैं पंछी
पवन, कहीं ज़ियादह मुक्त

तुम कटी पतंगों को ठौर देना हमेशा
आधे चाँद के दुःख सुनना
टहनियों से छनकर आती धूप के टुकड़े
सहेज लेना कोटरों में

कोई आदमी जो आए कुल्हाड़ी लिए
हाथ बाँध देना
अपनी छाँव के मज़बूत शीतल से

## १०. प्रार्थना

नभ की
जड़ें सींचता
मेरी प्रार्थना का जल

कि तुम
चख सको
मेघ का मीठा फल
देखो!
दो मालिन
अँखियों का बल

## ११. इतवार की बारिश

बादलों की रुई
कहीं दूर उड़ गई
नश्तर-सी पड़ी पानियों की धार

इक खरोंच नज़्म पर
और तीन जिस्म पर
रूह पे ब्रूटस की यारियों सरीखे वार

बारिशों की चोट पर
'केनी जी' की पट्टियाँ
तिस पे इक सौ दो चढ़ा बिजोग का बुख़ार

अस्पताल के पनीले वॉर्ड में
एडमिट मिला
काँपता हुआ वो नाज़ुक-सा इतवार

## १२. बादल की वसीयत

खींच रहे दरिया से हुक़्क़ा
बूढ़े बादल खाँस रहे थे
अब तो दम भी फूल रहा है
तितली-बिजली वीर-बहूटी
इर्द-गिर्द सब खड़े हुए हैं
जाने कब ये पार निकल लें
और वसीयत के सब काग़ज़
किस वकील के पास रखे हैं
जाने किसके नाम किया क्या

किसके हिस्से रेवा आई
किसको कोहे-तूर दिया है
किसने पाए पेड़ के सिक्के

घास के ज़ेवर किसे मिलेंगे
बूँद की मुँदरी किसकी अँगुली
इंद्रधनुष किसके काँधे में

हुक़्क़ा-पानी छूट रहा है
साँस की बूँदें टूट रही हैं
क्या-क्या किसके नाम करेंगे

राज-ज्योतिषी जान चुके थे
नज़्में सारी किसकी होंगी

## दिसंबर : अंत का पेड़ और सांता क्लॉज़ का बस्ता

सच से कहीं ज़ियादह तेज़ उड़ता है सच्ची कहानियों का पंछी
इस पेड़ में चहचहाती असंख्य आज़ाद चिड़ियाँ
जिनके गीतों का आखेट करता है बुरी नज़रों का विषबुझा तीर
उमग कर सिर उठाए कितनी हरियल शाखें
अंजाने न्यौता दे बैठती हैं कुल्हाड़ी की भूखी धार को

सेब का नहीं अमरूद का भी नहीं
यह अंत का पेड़ है
जिसके फल दैत्याकार हैं
जिसकी जड़ें धरती की नमी पीते हुए बड़ी दूर तक फैली चली जाती हैं
अपनी खिड़कियों के पल्ले खोलो तो ज़रा
और देखो कि बर्फ़ पर उगा
यह अंत का पेड़ है

इसकी कोटर में छुपी है मिथाइल आइसोसाइनेट की ज़हरीली रात
जिसकी सुबह कहीं ढूँढ़े नहीं मिलती
इसकी फुनगियों पर एक मस्जिद की ईंटों के टुकड़े खिले हैं
इसके चौड़े तने के पीछे गुम गई थीं किसी निर्भया की चीखें
रात ढलते ही उल्टे लटक जाता है
इसकी किसी नरम डाल पर कंधार का प्रेत

अश्वत्थामा के घाव-सा हरा है यह पेड़
इसकी हरियाली को दक्खनी सुनामी ने सींचा है
यह वही पेड़ तो है जिसकी छाँव में

हम बैठा करते थे उँगलियों में उँगलियाँ फँसाए
मौसम बदलने के ठीक पहले तुमने कुछ क़समें उठाई थीं
जानते हो, इकतीस तारीख़ की उस रात
मैं दुनिया की सबसे सुंदर लड़की थी

मुझे लगा था...
मुझे लगा था तुम जान चुके हो
कि मुझे बच्चों के संग स्टापू खेलना अच्छा लगता है
और पालक की भाजी मेरे दाँतों में ठीक वैसी ही उलझन पैदा करती है
जैसे ब्रह्मकुमारियों को रंगीन वस्त्र
मुझे लगा था तुम जान चुके हो
कि मैं बाँधती हूँ अपने केश में दोरंगे रिबन
और एक यॉर्कर बॉल बरसों से
मेरे स्वप्न की गिल्लियाँ उड़ाया करती है
मुझे लगा था तुम जान चुके हो
कि सड़क ख़ाली भी हो तो उसे पार करने में मुझे डर लगता है
और यह भी कि मेरी सबसे कोमल कामना
और सबसे कठोर संकल्प नर्मदा के गहरे कानों में दर्ज हैं

आज इस पेड़ के तले अकेले बैठी
मैं यह जान गई हूँ कि कोई किसी को नहीं जान पाता
फिर भी कम-अज़-कम तुम इतना तो जानते हो कि
मेरा नाम बाबुषा है
मैं थोड़ा-बहुत कविता लिख लेती हूँ
और मेरी नाक पर एक तिल है

तुम नहीं जान पाए कि कब
समय इस पेड़ के तने जितना कठोर हो चला
कि मैंने चुन लिए हैं इस पेड़ के गंधहीन फूल
कि बरस भर टोकरी में फूल भरती रही हूँ

इन दिनों
मैं आकाश को पहनाने के लिए एक माला पिरो रही हूँ

हक़ीक़त तो यह है कि हक़ीक़त से कहीं ज़ियादह
कल्पना में किया है मैंने प्रेम
इस लिहाज़ से काल्पनिक ही है मेरी बेहोशी
और इस नियम से कल्पना के ही पर्वत में होगी कहीं संजीवनी बूटी
जबकि इस कल्पना के बाहर लहलहाता
मेरे वजूद का नन्हा पौधा
सांता क्लॉज़ के बस्ते में जगह पाना चाहता है
(२०१६)

## मुझे अपनी नदी को कुछ जवाब देने हैं

जिन तितलियों को मैंने आँखों से छूकर छोड़ दिया
वे फूल-फूल बैठकर
लौट आईं मेरी कविताओं में महफ़ूज़ रहने

जिस प्रेम को छोड़ दिया मैंने एक कोमल धड़क से अस्त-व्यस्त कर
वह छूटते ही उड़ गया परिंदा बन आकाश छू लेने

मेरे केश की कामना ने बाँध लिया है छूटा हुआ एक पंख उस फीते से
जो चंद्रमा के दो उजले रेशों से बना है
आकाश के आँगन में संपन्न होने वाली उड़ानें
धरती पर किसी लड़की की चोटी से बंधी हैं
लड़की की "उँहू !" पर हिलती हुई चोटी से जूझती है रात
कोई जान नहीं पाता कि रात क्यों इस तरह लहकती है

अपने केश में उलझे इस पंख को एक दिन मैं नदी में सिरा दूँगी
नदी उसे तट के हवाले करेगी
तट पर खेलती मल्लाह की नन्ही बेटी
उसे अपनी स्कूल की कविता वाली किताब में रखेगी
किताब में बंद अधमरी चिड़िया उसे सहलाएगी

नन्ही जान नहीं पाती
कि किताबों के पन्ने वायु की मति से नहीं फड़फड़ाते
पन्नों में हलचल दरअसल छूटे हुए पंख की फड़फड़ाहट है
संभव है कि नदी और उसका तट

मल्लाह की बेटी और उसकी किताब
चिड़िया और पन्नों की हलचल
एकदम कोरी गप्प निकले
और सचमुच! ऐसा होने में बहुत परेशानी नहीं है
कि गप्प कई बार जीवन की इस तरह से देखभाल करती है
जैसे तो कभी-कभी कविता भी नहीं कर पाती

कविता आख़िर करती ही क्या है ?
वह तो महज़ तितलियों की सँभाल में ख़र्च कर देती है अपना सारा कौशल
वह नहीं तोड़ती फूलों का भरोसा
वह रचती है रंग इंद्रधनुष को उधार देने
वह बताती है दुनिया को
कि ये आवारा चाँद किसके आसरे पे लटका है
वह सुनाती है नदी के तट पर
मल्लाह की बेटी को किसी परिंदे की कथा

उधर एक परिंदा उड़ता ही जाता है आजीवन
इंद्रधनुष का स्वप्न लिए आँखों में
बादलों की टहनियों पर बैठता है भीगता है
चोंच में दबा लेता नमी के कुछ कण
फिर उड़ता है
इंद्रधनुष के पीले आँचल में अटकता
छूटता, भटकता है
इधर मल्लाह की वह नन्ही बेटी किताब से निकाल लेती पंख
मेरी कविता में डुबो देती है

मैं तितलियों को शुक्रिया कह आगे निकल जाती हूँ
कोई लुभावनी-सी गप्प ढूँढ़ने
मुझे अपनी नदी को कुछ जवाब देने हैं (२०१७)

## प्रेम न बाड़ी ऊपजै

इलायची के सुवास से ढाँक लोगे गंध संसार के समक्ष
अपनी स्त्री से छुपा न सकोगे
कि पिछली रात्रि तुमने मदिर-पान किया था
हृदय की धड़कनों के बहुमत से चुनी हुई सरकार नहीं है तुम्हारी प्रेयसी
उसका प्रेम सतत चुनाव की प्रक्रिया है;
सरलता से उपलब्ध लाल मदिरा के ऊपर
उसके सिलेटी अधरों का चुनाव
मेले में कठपुतली की ठुमक पर धन लुटाने के ऊपर
धरती के किसी भीड़विहीन हिस्से में
उसकी पुतलियों की घट-बढ़ निहारते
लुट जाने का चुनाव
निरे चौंध भरे इस समय में
जुगनुओं की टिमटिम का चुनाव

आर्मस्ट्रांग का रहस्यहीन चंद्रमा नहीं है
तुम्हारी प्रेयसी
जिस पर एक बार पताका फहरा इतिहास में नाम दर्ज किया जा सके
वह सिंड्रेला के जोगी जूते की लंबी खोज है

नर्मदा की निरघ लोककथा है तुम्हारी प्रेयसी
जिसके उतने ही पाठ हैं जितने कि उसके घाट
नर्मदा का सत्य जानता है तो केवल
वह फूल-बदन बच्चा

जो चंद सिक्कों की ख़ातिर
हर दिन धुआँधार से हठीली छलाँग लगा देता है

सिक्कों की खनखन-सी है तुम्हारी प्रेयसी की हँसी
तुम में अभी उस पनडुब्बे बच्चे-सा हठ नहीं

तुम चीन्हते हो उसकी गेहुआँ धरती पर उगे तिलों को
तुम जानते नहीं हर तिल के पीछे ताड़ बराबर कविता छुपी है

मुक्त केश सरीखे हैं तुम्हारी प्रेयसी के स्वप्न उलझे-सुलझे
रंगीन छोटी चिमटी-सी नींद उसकी
बिखेर देती केश अपने तुम्हारी छाती पर
तुम्हारे बिस्तर में चिमटी गुमा आती है

चूल्हे का अंगार है तुम्हारी प्रेयसी
अग्नि का कलेजा
उसकी आँच में चपाती की तरह महज़ सिंको नहीं
भात की तरह खदबदाओ
पको
फिर जाओ
संसार भर के सारे भूखे शिशुओं का पेट भर आओ
(२०१७)

## चलिए फिर! कुछ और बात करें

ऐसा तो अक्सर ही होता है
कि पहला प्रेम बन जाता घाव और दूजा औषध
इस धारणा को मानें तो घाव के साथ ही मिट जाती है
जड़ी-बूटी की भी ज़रूरत

हरे हो जाते घाव ऐसे मौसमों में जो अब तक सूख चले थे
गाहे-बगाहे तड़कते रहते बिजलियों के साथ ही
जबकि याद में तक नहीं दर्ज रहतीं वो हरी जड़ी बूटियाँ
जिन पर इन दिनों जंगलों तक से ग़ायब होने का संकट मंडरा रहा है

कुछ लोग नदियों में डुबकी लगाकर
जीवन की पीड़ा इत्यादि से मुक्त हो जाते हैं
कई तो सूखी भी होतीं नदियाँ
इतनी सूखी कि उनमें कोई नहीं डूबता
ये ख़ुद में ही डूबकर मर जाती हैं

कुछ नदियाँ पार लगा देतीं लोगों को
कुछ लोग नदियों को पार लगा देते हैं

कई नदियों के नाम ही मिटते जा रहे नक़्शे से
बहुत सी जड़ी-बूटियाँ भी मिट चलीं सूची से
हौले-हौले फूँककर मिटा दे अस्तित्व
प्रेम शायद ऐसे ही किसी इरेज़र का नाम होगा

कोरे काग़ज़ों पर लिखा जाता है चमकते अक्षरों में
नदी किनारे बसी उन गौरवशाली सभ्यताओं का इतिहास
जिसकी नींव
हो न हो! किसी तैराक ने ही रखी होगी

चलिए फिर!
लहलहाती फ़सलों की बात करें
बल खाती लहरों की बात करें
सजी-सँवरी नहरों की बात करें
नए-नवेले फूलों की बात करें
बारिश की, शहरों की बात करें
लिखी हुई बातों की बात करें
मिटी हुई चीज़ों पर इतना क्या सोचना

जाने भी दें
मार्स और प्लूटो की बात करें
(२०१५)

## सुमिरन

**क.**

हौले से
अनवरत श्वास में
धर लिया जिसे

वह काँटा
हृदय में गड़ा था

मैंने सुना
किसी जादू से मरा तक
राम में बदल जाता है

वह काँटा तो प्रेम का था
संभव है
चीरे का टाँका हो जाए

**ख.**

तिनका पड़ा तब बिलबिलाए
हड़बड़ा के चेते
आँखें काम आती हैं देखने के

काँटा चुभा तब छटपटाए
पाँव अपने ही हैं
ओह! याद आया
ज्वर ने झिंझोड़कर जगाया
स्मरण हुआ
बड़ी कच्ची है काया

काया के कष्टों ने हँसकर
मृत्यु की आहट से
परिचय करवाया

सहला न जाता प्रेम जो
दूब की नोक से
कैसे चीन्ह पाते भला
आत्मा की उजली छाया?
(२०१६-१९)

## माथे का चुंबन

हवा के महीन तारों में
झंकृत हुई थी वह लय अलौकिक
उस अलसाई साँझ की ड्योढ़ी पर झुक गया था हौले से
गर्वीला आकाश

तुम्हारे होठों ने छेड़ा
दहकता राग दीपक
और मेरे माथे पर धधककर जल उठा था एक दीया
रौशनी के नन्हे क़तरे झर रहे थे मेरी आत्मा के अँधेरे झोपड़े में
जिन्हें बीनती-सहेजती रही थी कितने दिनों तक
अपने स्वप्न की पोटली में

मेरी क़ीमती पोटली में नींद की गाँठ बँधी है

तुम अपनी बूझ के स्याह में छुपा चुके हो
सुबुक चाँद की गवाही के
सारे दस्तावेज़
अपनी नब्ज़ के स्पंद को झुठला चुके हो

जबकि मैं
तुम्हारी शास्त्रीयता का गुमान हूँ
तुम्हारे स्पर्श से खिला हुआ फूल
तुम्हारी उँगलियों के बीच फँसा धुएँदार चस्का
तुम्हारी देह और आत्मा के बीच एक मध्यस्थ

दरअसल
मैं तुम्हारी विस्मृति के गीत में छूटा हुआ
आधा 'स' हूँ

तुम्हारे होठों पर उतरे थे पक्के स्वर
उतर गए हैं अब तुम्हारे होठों से
रूठकर

रात के
कुँवारे पहर को भी ख़बर है
मेरे दीये का तेल अभी चुका नहीं है
(२०१७)

## आँखों का मीठा

नींद के पेड़ की
हर टहनी पर फैले पड़े
मधुमक्खियों के घने छत्ते
स्मृतियाँ
भिनभिनातीं रात भर
दुखता है प्रेम का डंक

नियम से उग आता सबक़
हर सुबह पूरब में
पेड़ की अंगड़ाइयाँ हैं
पत्तियों का झर पड़ना
बच-बच के चलती हूँ उपवन में
कोई नरम पत्ती
पाँव के नीचे आ न जाए

एक दिन
मिट्टी में गल जाएँगी हरी बातें
हवा अपनी पोटली में बाँधकर ले जाएगी
सूख चली पत्तियाँ
नींद का ठूँठ बचा रह जाएगा
निरा रूखा
बिना ग़लतियों के जीवन-सा नीरस

कितना अर्थहीन होगा
झुर्रियाई त्वचा का स्निग्ध होना

साँझ की अनगिन मेहरबानियों में
एक यह भी है कि दूर खड़ी
अनुभव की तनी हुई पहाड़ियों के पीछे
घुप्प से डूब जाता है सबक़

चंद्रमा की नमी पाकर
फिर हरा हो उठता तिलिस्मी पेड़
लौट आतीं मधुमक्खियाँ वापस ठिकाने में
देह छलनी कर गुज़रते
डंक तीखे प्रेम के
आँखों में शहद चिपचिपाता है
(२०१७)

## समीकरण

दुनिया आंदोलनों से नहीं बचती
न नारों से
आंदोलन और नारे
ख़ुद किसी तरह बच पाते हैं
चौक में जुलूसों में अख़बारों में
दुनिया के बचे रहने के लिए
ज़रूरी है
कि बारिश जैसी लड़कियों को
प्रेम हो जाए रेगिस्तान सरीखे लड़कों से
(२०१५)

## पानी पर लिक्खी लिखाई

### १. छल

चुनरी के कच्चे रंगों पर इतरा जाती हैं
आँखें मूँदें टिक जातीं कच्ची दीवारों पर
वो बावरी लड़कियाँ
कच्ची उम्र के चूल्हे में पूरी पक जाती हैं

वो बेशर्म लड़कियाँ
पीस देतीं कच्ची रातें सिल पर
पक्के रंग पाने की ख़ातिर
कच्चे आम की फाँक जैसे
इच्छाएँ चखतीं आँखें मिचकाते
दाँत खट्टे कर बैठती प्रेम के रस से

वो बेसुरी लड़कियाँ
छोटी कच्ची सड़कों पर निकल पड़तीं
लंबे-लंबे गीत गाते जीवन के
एक मोड़ पर आकर ख़त्म हो जाती सड़कें
उनके गीत नहीं चुकते
कच्ची टहनियों पर बाँध बिरही राग सारे
लौट आतीं घरों को
सूरज ढलने के पहले

बुज़ुर्ग कहते हैं
कि सुबह का भूला साँझ घर लौट आए
तो उसे भूला नहीं कहते

वो बेसुध लड़कियाँ
भूल जातीं तोते की तरह रटे जीवन के सबक़
भूलें दोहरातीं
कच्चे कानों पर रख देतीं पक्के वादे

वो बुद्धू लड़कियाँ
गीता का दूसरा अध्याय नहीं बाँचतीं
उन्हें मतलब नहीं इस बात से
कि आत्मा को न काटा जा सकता है
न मारा जा सकता है
न जलाया जा सकता है न ही सुखाया जा सकता है

वो बेज़ुबान लड़कियाँ
छलनी आत्मा के टुकड़े जोड़ती-सहेजती
जानती हैं ख़ूब
कि आत्मा को छला जा सकता है

## २. लोभ

*(शबनम नानी के लिए)*

नानी एक कथा कहती थीं, जिसमें एक लड़की की सच्चाई से प्रसन्न होकर देवताओं ने वरदान दिया था। वरदान यह था कि गाँव के तालाब में वह एक डुबकी लगाएगी तो सुंदर हो जाएगी। बहुत मन करे तो एक और डुबकी लगा ले, और सुंदर हो जाएगी पर तीसरी डुबकी पर प्रतिबंध था।

देवताओं ने बार-बार कहा था
कि किसी भी हाल में तीसरी डुबकी मत लगाना।
और ये बदतमीज़ लड़कियाँ
कथा को दरकिनार कर तीसरी डुबकी ज़रूर लगाती हैं
वो खो देती हैं सारा अर्जित सौंदर्य
ज़ियादह पाने के लोभ में नहीं करतीं वो देवताओं के वरदान की
अवहेलना
उठाती हैं ख़तरे प्रतिबंध के रोमांच में
अंजान गलियों में ढूँढ़ती सही पते
तालाब की गहराइयों में खोजती मोती
मिले शायद कहीं जो आँखों से छिटक के गिरा था
इस बात से बेफ़िक्र कि यह दुस्साहस सारा सौंदर्य नष्ट कर देगा

आह!
कैसा दुर्भाग्य कि दुनिया गहरे उतरने को लोभ परिभाषित करती है
मैं बेशऊर पूछती
नानी, तुम काली क्यों हो?
तेरे चेहरे पर ये काला धब्बा कैसा, नानी?
माँ कहती है वो तुम्हारी जैविक नानी नहीं
फिर भी देखो! एक गुण कितना मिलता-जुलता
कि तुम दोनों जिस क़िस्से पर हँस देती हो
ठीक उसी क़िस्से को कहते रो पड़ती हो

थोड़ा बड़ी हुई तब फिर से याद किया नानी का चेहरा
काले रंग पर एक दाग़ उजला
सोचती हूँ
कितने तंग हाथों से देता है पुरुष
कि तीसरी ही डुबकी में सौतेला हो जाता है

पुरुष तालाब है

नानी कहती थी
कि आसमान तकते लोग आख़िर में सितारे बन जाते हैं

वो बेअदब लड़कियाँ
आख़िर में ज़रूर कमल बन जाती होंगी
ये जानते हुए भी कि बाहर तख़्ती लगी है
कि सख़्त मनाही है तीसरी डुबकी की
वो तीन नहीं तीन सौ बार डूबती होंगी
यह जानने के लिए
कि तालाब के भीतर आख़िर क्या छुपा था

## ३. मोह

कि जैसे उसके जूते के तस्मे में मन बाँध देना। फिर इंतज़ार करना कि जब वो लौट आएगा और जूते खोलेगा तब अपनी चीज़ लेकर अपने देस लौट जाएँगे। वो किसी मंदिर चला गया था। जब घर लौटा तो पाँव में किसी और के जूते थे। कहने लगा, जूता बदल गया यार! पता नहीं किसका है यह।
जाने किसका मन मेरे पास ले आया। जाने मेरा मन कहाँ भटकता होगा। ऐसा लगता है जैसे हर कोई मंदिर के बाहर से ग़लत जूते पहन आया है।

कितना तो कोलाहल है संसार में
नासा वाले खोज रहे निर्जन द्वीपों में जीवन
बुद्ध खोजते थे जीवन में मृत्यु
शायद वॉन गॉग तलाशता रहा हो सूरजमुखी में सूरज
मैं ढूँढ़ती रहती उसके गुमे जूते संसार भर में
मंदिरों के बाहर जूते बहुत तेज़ी से पाँव बदल रहे हैं

बेबस पाँव जूतों की आदत नहीं बदल पाते
मन बेचारा!
जूतों के तस्मे में बँधा घूमता संसार भर में

## ४. कामना, क्रोध, समर्पण

हर आग का रंग नारंगी नहीं होता
कोई चिंगारी हरी भी होती है लपट के बीचोबीच उठती
अलग-अलग होती है तासीर जलने की
कोई आग जलाकर राख करती
तो कोई अपने ताप में गलाकर कुंदन बना देती

कुछ जल्दबाज़ लोग जल्दी-जल्दी जीते हैं जीवन
जल्दी चलते हैं
जल्दी सुनते हैं
जल्दी में आधा सुनते हैं
उससे भी जल्दी कहते हैं
आधा सुनने वाले लोग पूरा मतलब निकालने के विशेषज्ञ होते हैं
किसी निष्कलुष मन की आँच को
जल्दी से जल्दी
जंगल की आग की तरह फैला देते हैं

हाथों में थामे जलती हुई मशाल
सब कुछ जला देने तैयार
ये जलते हुए लोग नहीं समझ पाते मामूली-सी बात
कि किसी जंगल का दिल जला होगा
तब कहीं जाकर जंगल हरा हुआ होगा

## ५. मुक्ति

सबका अपना-अपना मक्का होता है
सबकी अपनी काशी
बताया था मैंने
एक प्रेत रहता है मेरे भीतर
लिबास बदल-बदलकर सिर चढ़ जाता
नहीं भागता किसी जादू-टोने या मंतर से
स्याही की रौशनाई से बिचककर भूत बन जाता है
इन भूतों को भविष्य में तालियाँ मिल जाती हैं
उपहार और फूल मिलते हैं
कितनी सारी बदतमीज़ लड़कियाँ लिखती हैं
बेबाक चिठ्ठियाँ
"बाबुषा! हमारे बंद होठों और बेबस मन को तुमसे आवाज़ मिलती है
यूँ ही भूत-प्रेत के तंत्र-मंत्र करती रहना"
सहेज लेती हूँ दूर-दराज़ से आई गीली चिठ्ठियाँ
सीली दराज़ में
गीले तकिए को फूँक मारकर सुखा देती हूँ
उन बेसुध, बावरी, बेज़ुबान लड़कियों को मिलती है आवाज़
मुझे माइग्रेन की ज़ंजीरों से मुक्ति मिलती है
प्रेम की चोट लगती है, कोई और प्रेम बन जाता औषध
जीवन से भरोसा टूट जाए
कम्बख़्त! कोई गोंद नहीं जोड़ पाती
प्रेत को भूत में बदलने का मंत्र साध चुके
भरोसे के तितर-बितर टुकड़ों को बो कर
भरोसे की फ़सल उगाने की किसानी अब तक न आई
गाहे-बगाहे गुनगुनाती हूँ कच्ची सड़कों पर जीवन के गीत
तालाब किनारे बैठे दोहराती हूँ नानी की कहानी
कभी सिखाऊँगी ये गीत अपनी बेटी को
मैं उसे तीन डुबकी की कथा सुनाऊँगी

अब तलक काशी से मक्का तक ढूँढ़ती जूते तुम्हारे
जंगल के हरे को हरि जानकर पूजती
मैं जीवन के सारे अनुष्ठान करती हूँ
शायद ऐसा होगा कभी
कि भूत-प्रेत के चक्करों से छुटकारा मिल जाएगा
हरी-नारंगी आग से दहकते जंगल के बीचों बीच
उस तालाब के पानी पर एक दिन
तुम्हारा नाम लिखूँगी उँगलियाँ गड़ाकर
सबका अपना-अपना मक्का
सबकी अपनी काशी
एक दिन मेरे भीतर हुड़दंग मचाते सारे प्रेत हो जाएँगे संन्यासी
(२०१५)

## जीवन की थाली में

वह लड़का
जो रोटी में
बारूद मिलाकर
खाता था
चंद निहत्थे सपनों से
घबराता था
(२०१६)

## सितारे

देखो तो!
सलामत है
सीपी में छुपा हिज्र का मोती?
गिनो तो!
कितनी गाँठें हैं
सब्र के पवित्र धागे में?
बताओ तो!
आज की रात
आकाश इस क़दर रौशन क्यों है?
(२०१६)

## बा-वफ़ा

पानी की गाँठ
से बाँध नाता
फिर छूट नहीं पाती है

नदी
नहीं देती दरिया को दग़ा
गीली देह में
चख आत्मा का नेह

नमक का मोल
चुकाती है
(२०१६)

## संध्या राग

*(बड़े ग़ुलाम अली ख़ान साहब की संगत में गुड़िया की रंगत)*

स्मृतियों की छुअन भर से
छिल जाती साँझ की
कोमल त्वचा
जल भरे कटोरे
पलकों से ढाँकती
घाव पर
चंद्रमा की चुटकी भर
हल्दी बाँधती
मास बीते
गलियाँ निहारती
गुड़िया
छिले कंठ के तीजे तार पे
जंगला भैरवी साधती
नैना मोरे तरस रहे आजा बलम परदेसी
(२०१६)

## कुछ क्रियाएँ

### काटना: त्वचा को

नरम गुलाबी तलुवों को
कंकड़ और काँटों से बचाते हुए
जूते एक दिन अचानक क्यों काट देते हैं पाँव को?

केवल नए जूते यह कारनामा कर गुज़रते हैं
ऐसा मानता आया है शोधकर्ताओं का एक बड़ा तबक़ा

जूतों का भव्य इतिहास इब्ने-बतूता के
इर्द-गिर्द डोलते हुए बढ़ता है आगे
कला की शेल्फ़ में क़रीने से सजे हुए रक्खे हैं जूते
वॉन गॉग से लेकर गैल्सवर्थी तक
ख़ुद मेरे यहाँ तीसरी मर्तबा उठा है जूता
(पीछे के बरसों की दो कविताओं के बाद)

हर दिन इस्तेमाल की जाने वाली इस ज़रूरी चीज़ के बाबत
हम अब तक ठीक-ठीक जान नहीं पाए
कि दुनिया भर के कंकड़-पत्थरों से बचाने वाला
चमड़ा आख़िर क्यों काट खाता है चमड़े को?

जूते और तलुवे की यह गुत्थी सुलझ सकती है
शायद किसी प्रेम कहानी को
ध्यान से देखने पर

हालाँकि कुछ लोग
ज़ख़्म की वजह से ले आते हैं नई नाप के जूते
कुछ अन्य लोग ज़ख़्म की ही वजह से चलते हैं ताउम्र नंगे पाँव

## छुपनाः स्मृति में

चंचल लहरें खेल-खेल में छुपाकर रख देतीं
रेत पर लिखे हुए नाम पानी की तहों के नीचे

तुम ढूँढ़ते हो तट पर चटकी हुई मात्राएँ, अक्षर
या नाम के नीचे दाहिनी ओर रखी हुई दो बिंदियाँ
तुम्हारे टिकने का आसरा बन जाता कोई दार्शनिक निष्कर्ष
कि एक दिन सब कुछ मिट जाता है

तुमने पानी पर देखे होते दरियाई घोड़ों के खुरों के निशान तो जान पाते
पृथ्वी की स्मृति से कभी कुछ नहीं मिटता

देह भी एक पृथ्वी है

समंदर की तहों में गुमी रेत
अक्सरहाँ बरामद हो जाती है तुम्हारी आँखों में
इस क़दर सूखी और जलती हुई
कि स्वप्न के तलुवों पर छाले पड़ जाएँ

कभी भूल से गीली हो जाए नींद
तकिए पर उभर आता ठीक वही नाम
जिसे छुपा आई थीं कुछ चंचल लहरें खेल-खेल में
पानी की तहों के नीचे

## गुमनाः रगों का

नसों से ख़ून खींचने वाले पैथो-भैया कहते हैं,
"आपकी नस ही नहीं मिलती!"

क्या कहा जाए?

ज़िंदगी की किताब में जगह-जगह नसों को,
रख छोड़ा है मैंने बुकमार्क बनाकर।

जो पढ़ा जा सके उन पन्नों को
बिन सुई चुभोए भी,

जाँच मुकम्मल हो सकती है।
(२०१८)

## प्रियं त्वा रोत्स्यति

नाभि में डूबकर वक्ष में उगेगा
कंठ में अटकेगा सिसकारी बन
धारासार हो
आँखों से झर जाएगा

जो छू लेगा अपनी स्त्री की आँखों का
बहता काजल
वह पुरुष मारा जाएगा

जन्मेगा प्रेमी
अपनी ही स्त्री की कोख के बराबर
अश्रु की एक बूँद से

एक पराजित प्रेयसी
अपने पुरुष की सबसे बड़ी चुनौती है
पराजिता से किस तरह हारा जाएगा ?
वह पुरुष मारा जाएगा
(२०१७)

## शास्त्रीयता का पाठ

प्रकृति देती है कई प्रश्नों के उत्तर
पत्तों के हरे से गीत लिख देती हूँ
मेरा हर अनुत्तरित प्रश्न
धमनियों के धड़कते संगीत में ढल जाता है

कितना भी करें अभ्यास जीवन के पक्के राग का
श्वास के आरोह में स्वप्न के अवरोह में
रह-रहकर सुर अटक जाता है

सावन के सीले कंठ से फूट पड़ता जो भी सुरीला
आपस में बाँट लेते हैं वन, नदी और तितलियाँ
मेरी स्याही का बेसुध गीलापन
बिरहिनों की अँखियों में बँटता है

नीलाम्बर प्रेयस की एकटक दृष्टि का मूसलाधार
जब-जब बरसता सतपुड़ा के अभिमानी पर्वतों पर
धरती की रग-रग में मल्हार बजता है

बैरागी मेघ वह
छेड़ देता बूँदों का राग नित नया
गीत देता कम, संगीत ज़ियादह देता है

मैंने देखा अपनी उँगलियों के पोर पर
लुप्त होते अक्षरों को
अपनी देह को मैंने वायलिन होते देखा है

संगीत के प्रशिक्षुओं के लिए नहीं
प्रेमी के लिए होता है
शास्त्रीयता का अंतिम और सबसे प्रमुख पाठ

कि प्रेम का गीत गाने से छूटता है कोई कोमल सुर
गुनगुनाने से सधता है
(२०१७)

## बिछोह का उजास

धरती और सूर्य मिलकर तय कर लेते
परछाइयों की घट बढ़
कितनी ही दूर चली जाए साथ तुम्हारी परछाईं
वृक्ष की बाँहों में झूलती लता-सा भाग्य नहीं पाती

जो स्वयं नहीं मिल पाते,
अड़ंगे अड़ाते हैं औरों के मिलने पर

इतना उलाहना था मेरी कविता में
जितना किसी आलोचक की समीक्षा में न होगा
मेरे तकिए में रहा आया हरहमेश इतना पानी
जितना उनके शहर की नदी में न होगा

चुप के पैने हँसिये से कट जाती नींद अब तो
जगमगा उठती हैं उजली मुस्कानें सितारों की
साँझ के सन्नाटे में गाड़ी के व्हिसलिंग सरीखे
अचानक बजे हॉर्न पर पीछे घूम के
हँस पड़तीं बंजारिन सड़कें
उन सड़कों की आँखें कभी नहीं बुढ़ातीं
जिन की कमर में बँधे हैं सुर्ख़
अँधे मोड़

बंजारन की लुभावनी अदा से बचकर
निकल भागता कोई सतर्क आदमी
अपनी परछाईं भी छोड़कर पीछे

अंधे मोड़ के अँधेरे से टकराकर
परछाई मर जाती है

समंदर के काँधे पर सिर रख इठलाती
चाँद की झिलमिल परछाईं
किसी भूखी मछली के पेट में समा जाती है

क्लास के अंदर बस्ते में छुप जाती
बच्चे की परछाई
पेड़ की परछाई तोड़ ले जाते
बदमाश बादल

आँखों की कच्ची फलियाँ
धूप के छींटों में
पकती हैं

धरती और सूर्य के मिलन से नहीं
उनके कलेजाकाट विरह से रौशन है
अपनी ये नीम-अँधेरी दुनिया।

क्या तुम अपनी परछाईं से लिपटकर
कभी सो सकते हो?
(२०१९)

## हस्ताक्षर

तुम्हारी क़मीज़ की जेब में
रिसी हुई स्याही नहीं मैं

ज्यों धूप परिचय देती सूर्य का
सुगंध फूलों का पता बताती है
बीज उठते हैं पृथ्वी की नाभि से
धरती का श्वास बन

तुम्हारी आत्मा के धवल पृष्ठ पर
तिरछा हस्ताक्षर बन
उभरती हूँ मैं
(२०१८)

## रात के अबूझ सियाह में

तुम जिसे चंद्रमा समझ बैठे,
खीर का भगोना है
चूल्हे पे चढ़ा

महज़ शरद की पूर्णिमा पर नहीं
हर दिन बनता है अमृत
सुलगती-बुझती सिलेटी राख में

आँखों से चखना था
काग़ज़ पर लिखनी थी चिट्ठियाँ तुम्हें
आँखों की ओस से

(प्रेम की पाती कभी स्याही से लिखी जाती है ?)

आँखों को जलना था और बहुत
आँखों में भरना था अमृत
आँखों से छूना था रात की सफ़ेदी
आँखों में जाग की आग को सुलगना था

और तुम्हारी आँख लग जाती है

तुम बूझ नहीं पाते
प्रेमी आख़िर अमर क्यों हो जाते हैं
(२०१९)

## आषाढ़ की साँझ

अग्नि को नहीं
हमने बारिशों को साक्षी मानकर खाई थी क़समें

वादियों में बरसती ये बौराई बूँदें
स्वप्न को चुभतीं
किसी चटके हुए वादे की किरचें हैं
तुम्हारी नींदों से निर्दोष लहू रिसता है

तुम
रात के तीजे पहर प्रेम त्याग देते हो
प्रदोष व्रत के लहसुन-प्याज़ की तरह

प्रिय!
तुम्हारे शहर में आषाढ़ की सुबहें
संन्यासिन हैं

मैं आँखों के जल में
अपने लहूलुहान स्वप्न घोलकर महावर बनाती हूँ
जो एड़ियाँ घिस दूँ आकाश के पश्चिमी घाट पर
धरती पर नदियाँ सुर्ख़ हो जाती हैं

सबसे कड़ी दोपहरों में मैंने प्रेम धारण किया है
पृथ्वी के अंतिम धर्म की तरह

मेरे शहर में
आषाढ़ की साँझें सुहागिन हैं (२०१६)

## प्रेमी

देह लजा जाए
जिसकी उपस्थिति में
कपड़ों के पीछे
और
आत्मा करे नृत्य
निर्वस्त्र
(२०१६)

## सम-मौसम

एक साँझ उस शहर की गलियों में भटकते हुए
आँखों से सूरज छुआ था मैंने
काठ हुई मेरी आँखों में अरसे से
उसकी चिता जल रही है

"तुम्हारी आँखें हर समय इस तरह उजली लगती हैं,
मानो अभी ही सुबह हो रही हो।"
ऐसा एक बार एक लड़के ने कहा।

"तुम जानते हो, हर शहर का अपना निजी सूर्य होता है?"

इस बात पर हँसे इतनी ज़ोर से हम
कि बेमौसम बरस गया था फ़ोन पर पानी
तब मेरे शहर का सूरज भीजा था
उसके शहर का सूखा

"किसी उस्ताद के पास जाओ कभी कोई राग सीखने उसके शहर,
तो समय निकालकर मिलना हर दिन सूर्य से
एक दिन तुम जान जाओगे कि वास्तव में
एक बैरागी गेरुआधारी साधु के मौन बुलौव्वे पर
तुम उस शहर तक गए थे।"

"तुम बूढ़ों-सी बातें करती हो।"

“काशी या इलाहाबाद या दिल्ली या पटना बूढ़े शहर हैं।
पर कुछ शहर बुज़ुर्ग भी होते हैं।
इन्हें नक़्शे में मत ढूँढ़ना, जीपीएस से भी नहीं,
ये इब्ने-बतूते के जूतों की धूल में मिलते हैं।
कुछ शहरों की नदियाँ भी बुज़ुर्ग और उजली होती हैं।
शंकर के स्वेद से जन्मी थी नर्मदा।
जाने किस शहर की धूल छानते रहे होंगे शंकर?”

जिस शहर के धूल कणों तक के प्रति हम आसक्त होते हैं
वहीं का सूर्य देता है हमें विरक्ति का उपहार

पता नहीं किन फूलों की रुत है अभी
वसंत की सारी चालें असफल हो जातीं कभी-कभी
हो रहती असरहीन जेठ की मार
गूगल बता तो देता है फूलों के प्रकार
फूलों की गंध नहीं

किसी स्त्री की आँखों में जल रही हो
सूर्य की चिता निरंतर
मन सितारों का मसान
ऐसे शहरों की सुबहें होती हैं श्वेतांबर

ऐसे शहरों में हर मौसम संन्यासी होता है
(२०१८)

## शिवप्रिया

सवालों के
जवाब आएँ न आएँ,
पुकार का जवाब ज़रूर आता है
***
खारा जल आँखों की लिपि है ज्यों हँसी होठों की
छलता है जल तुम्हें
हँसी मेरे होठ छील-छील जाती है
तुम इतने अबोध कि होठ पर सुख
अँखियों में दुःख पढ़ते हो?

मेरी कविता की सयानी भाषा में मत पढ़ो मुझे
पढ़ो मेरी अल्हड़ भंगिमाओं में
आँखों से छिटक मेरी नींद जिस तकिए पर छूट गई थी
पढ़ो उस तकिए के कोर में
चंद्रमा की उजास में ढूँढ़े न मिलेंगे मेरी बोली के जुगनू
पढ़ो मुझे चकवे की टेर में, सतपुड़ा की भोर में
या कि पढ़ो उस चित्र में
जहाँ पेंसिल से बनी धुँधली डाल पर बैठी है घायल गौरैया
पन्ने पर टपका उसका लहू शुष्क हो चला है
पढ़ो मुझे चिड़ियों की चोटिल उड़ानों में

तुम
बूझ लो मेरी भाषा
रात की चुप्पी में; चहक की चाह में

मेरी सजल आँखें पढ़ने का कौशल भरो अपनी धवल क़मीज़ में
मेरी हँसी का रहस्य भेद लो, एक नज़र की रीझ में

आओ तुम!
मेरी नींद के ठोस में जमी चहक को तरल करो
मेरी मायावी मुद्राओं के व्यूह को विफल करो
अपनी देह के उपवन में झरे शिउली के फूल सिरा दो मेरी आत्मा की रेवा में
किसी बिसरी हुई प्रमेय की गुत्थी को सुमिरन की सूझ से हल करो

आओ तुम!
ले आओ अपने शस्त्र सारे
मेरी भाषा को पराजय का वैभव दो
ध्वस्त कर दो मेरे बिंबों के दुर्ग
मेरे रूपकों को रिक्तता का ऐश्वर्य दो
मेरे हृदय से शब्दों की छवियाँ गिरा दो
मेरी नाभि से अनहद का नाद उठा दो
सदियों के वियोग की पीर हरो
मेरे अचेत चित्त में प्राण भरो
मंत्रबद्ध करो मेरा उन्मुक्त श्वास
मेरी धमनियों को साधो
मुझे सोहम करो

मेरे तप की बाधा को निष्फल करो
मेरे चंचल मन को अचल करो
मेरे निर्वात में अपनी उपस्थिति का बल भरो

मेरे मौन को अपने कंठ में धरो

प्रिय!
गलने दो अर्थ भी,
अभिप्राय भी, संकेत भी
वाष्पित हो रहने दो विषय का व्याख्यान

फिर अपनी भाषा को मेरी आँखों का जल करो
(२०१७)

## अनंत में असंख्य

आसमान में जितने सितारे हैं
उतना तुम्हारा प्रेम
मेरे लिए
सितारों के बीच जितनी छूटी जगह है
उतना मेरा प्रेम
तुम्हारे लिए
(२०१९)

## पलक ढाँप तोहे लूँ

अपने मुख से उच्चारती हैं जब भी
तुम्हारा नाम अन्य स्त्रियाँ
डाह से मैं राख़ हो जाती हूँ

ऐसी पवित्र भस्म
जिसे अपने मस्तक पर धारण कर
आज्ञा-चक्र पर ध्यान केंद्रित कर सकते हैं तपस्वी
(२०१८)

## चिड़िया के पंख की ओट में आकाश छुपा होता है

एक भँवरे की तरह तुम आते थे पहले
जिसकी जिह्वा के स्वाद का पराग बना करता
मेरी छाती पर खिले दो फूलों में

मैं अभिमानिनी
बूझ न पाई कि प्रीत अपने प्रारंभ-बिंदु से बहुत दूर जाकर
लेती है अपना वास्तविक आकार
मंदिर-गिरिजे में कब बँध पाया
अंतरिक्ष का विस्तार?

संभव है कि प्रेम की असभ्यता में ही किया हो मनुष्यों ने
ग्रहों की दशाओं को बाँधने का जतन
भय, बहुत बाद की सभ्यताओं की देन है

चिड़िया कभी उड़ न पाती जो आकाश न छुपा होता
उसके फड़फड़ाते पंखों की ओट में
सूरज कभी उग न पाता जो धरती की अदम्य प्यास न पल रही होती
उसके दहकते ह्रदय में

कितनी बार मेरी नींद के अधर काट जाता है वह भँवरा
जो उद्धव के कौतूहल का साक्षी था
ज्ञात था उसे कि हर गोपी स्वयं को राधा समझती है
और राधा स्वयं को कान्हा समझती है

मेरी आँखें
कभी न हो पातीं भादों की धार
जो मेरे हृदय में जेठ का ताप न होता

पवन के ऊँचे गुंबद पर लिख तुम्हारा नाम
गढ़ लेती हूँ मिट्टी का देवालय
अपनी छाती के फूल तुम्हें अर्पित कर आती हूँ
(२०१८)

## कभी भी ईश्वर दोबारा मर सकता है

तुम
यदि मेरे स्वप्नों से अदृश्य हो सकते हो
तब इस ब्रह्मांड में कभी भी कुछ भी ग़ायब हो सकता है

कभी भी भक्क से सूरज बुझ सकता है
कभी भी धुआँधार का अल्हड़ जल मुरझा सकता है
कभी भी सतपुड़ा की जंगली छाँह सोख सकती है रेवा की रवानी
कभी भी अरसे से तनकर खड़ा हावड़ा ब्रिज गिर सकता है
कभी भी एनएच-फ़ोर्टी फ़ोर बंद हो सकता है
कभी भी गुल हो सकती मरीन ड्राइव की पीली बत्ती सदा के लिए
कभी भी उजड़ सकती है अंतरिक्ष की सबसे चमकीली आकाश-गंगा
कभी भी ध्वस्त हो सकता है ताजमहल का सबसे ऊँचा गुंबद
कभी भी बुल्लेशाह का कलमा गूँगा हो सकता है
कभी भी मिट सकते हैं चंद्रमा पर आर्मस्ट्रांग के पदचिह्न
कभी भी नष्ट हो सकता है सभ्यताओं की उत्पत्ति का सबसे पुराना प्रमाण
कभी भी विलुप्त हो सकती है यह भाषा जिसमें लिखती हूँ कविता

कभी भी चुक सकता है मेरे लहू का सारा हीमोग्लोबिन
कभी भी ईश्वर दोबारा मर सकता है

## जगाने की लोरी

अपनी हथेली की जेब तो देखो
दुष्टू!

कहाँ गिरा आए तुम अपनी सबसे महँगी रेखा
किधर निकल गए थे खेलने
कैसी जगह है वो दलदली
कि मिट्टी के कपड़ों पर और मिट्टी छप गई है
आत्मा पर जम गई है धूल की मोटी परत
कौन-सा खेल का मैदान है वह

आओ!
आओ मेरे पास कि तुम्हें नहला दूँ
उतरो मेरे मन के गहरे ताल में
मेरे काँधे पकड़ लो बाबू
आँखों की जलन से मत घबराओ
कि साबुन की तीखी झार है प्रेम मेरा
आओ मेरे पास कि तुम्हें नहला दूँ
अपनी सूखी साँसों से पोछ दूँ तुम्हारी देह गीली

आ जाओ कान्हा!
तुम्हें सत्य की सफ़ेद क़मीज़ पहना दूँ
अपने रतजगों का निचोड़ा हुआ तेल मल दूँ तुम्हारे कपाल पर
माथे पाड़ दूँ नज़र का टीका
तुम्हाले चूँ चूँ आवाज़ वाले जूते पहना दूँ

तुम्हें थिलौने दिला दूँ
तुम्हाली गुलिया को छाली पिन्हा दूँ

तुम मेरी बंजर ममता के राजदुलारे हो आज की रात

ओ शैतान!
कुल्फ़ी वाला आया है देखो! दरवाज़े घंटी बजाता
रुको बाबू!
दौड़ो मत!

मैं दे रही हूँ अपनी आँखों की गुल्लक से सिक्के
तुम अपनी रेखाएँ देकर कुल्फ़ी मत ख़रीदना
(२०१५)

## उलाहना

लोग तुम्हें प्रेमियों का देव कहते हैं
तुम्हारी निर्मोही चितवन पर
अँजुरी भर हँसी मैं वारती हूँ
पलटकर न देखी
वह बाँसुरी तुमने कभी
तोड़ दी जो मथुरा-गमन के पूर्व ही
प्रीत की कलपती कविता
उस बाँसुरी की टूटन से झरती है
मीरा की स्याही में डूबकर
तुम्हारी श्यामल काया
और नीली पड़ती है
हे मोहन!
नेह की चार गालियाँ
तुम्हारे लिए हर दिन उच्चारती हूँ
तुम्हारे औघड़ इष्ट
धार लेते कंठ में एक कविता
और महाप्रेमी हो जाते हैं
हे मायापति!
अपनी आँखों के समुद्र
उन पर मैं ढारती हूँ
(२०१९)

## स्वप्न में प्रेम

बाक़ी दूसरे दिनों से ज़रा ज़ियादह ही होती है हरारत उस सुबह की
रॉकेट-सा आसमान चढ़ जाता तापमान
यकायक भाप के जंगल में तब्दील होता
बाथरूम का आईना
कुल जमा तीन अक्षर भरते कुलाँचे चारों दिशाओं में
दिशाओं के चार से दस होते देर नहीं लगती
सारी दिशाएँ प्रेम का बहुवचन हैं

जब तक शिकारी तानता धनुष
ओझल हो जाता मायावी हिरण आँखों की चौंध में

स्वप्न नशे में धुत्त अफ़ीमची नहीं
किसी फ़रार मुजरिम की खोज में जागता सिपाही है
और तुम!
मेरी उनींदी काया में छुपके रहते हो ऐसे
कि जैसे 'ऑनेस्टी' में बेईमानी से 'एच' रहता है
(२०१५)

## आकाश की त्वचा पर खरोंच है रात का तीजा पहर

लिखना चाहती हूँ कविता की एक पंक्ति
साबुन के झाग को काटते हुए तुम्हारी पीठ पर
बिना कुंभ में डुबकी के करवाना चाहती हूँ
तुम्हें जीवन का सबसे पवित्र स्नान

तुम्हारे हृदय को खरोंच देना चाहती हूँ
अपने पाँव के अँगूठे से
और करते रहना चाहती हूँ आजीवन क्षमा की प्रार्थनाएँ

तुम्हारा हाथ
अपनी कोख पर रख
निष्ठा की शपथ दिलवाना चाहती हूँ

रात के तीजे पहर हर दिन तय हो जाती है मेरी मृत्यु
और लगभग इसी समय हर दिन मैं आसन्नप्रसवा होती हूँ
जिस तरह तुम्हें यह नहीं ज्ञात
कि किसी अंजाने अलार्म की आवाज़ से खुल जाती है मेरी नींद
रात के आख़िरी पहर। वैसे ही तुम्हें यह भी नहीं पता;
कि मेरी छातियाँ ही आँखें हैं मेरी
और मुझसे बहता है पनीले रंग का खारा दूध

समंदर मेरे द्वार आते हैं
बौद्ध भिक्षुओं का रूप धर

लगभग इसी समय चढ़ाती हूँ
नमक का ऋण संसार भर के जल को

रात का यह आख़िरी पहर
वफ़ादार ब्रूटस की तरह मेरे कमरे में
दाख़िल हो जाता है
ढह जाती हर दिन ही सीज़र-सी

मेरी पीठ पर मिलते
खारे पानी से बने ख़ंजर के निशान
(२०१८)

## ज्यामितीय विसर्जना

तुम और मैं,
दो सरल रेखाएँ हैं-
आपस में एक-दूजे को सीधे काटते हुए
हम साध लेते योग की मुद्रा
(देखो, इस तरह; +)

जब-तब उठते हमारे दिव्य किंतु हठीले मस्तक
पीछे की टोह लेने मुड़ते नहीं
अपनी एकनिष्ठ दृष्टि के कोण से हम रच लेते
चक्र एक अगोचर

मन की निसेनी चढ़ो, निहारो तितल्ले से;
देख सकोगे कोई चुपके से पृथ्वी के आँगन पर
स्वास्तिक खींच गया है

मैं प्राय: बिखर जाती हूँ
पर मेरा बिखरना टूटे कंठहार के मनकों का बिखरना नहीं;

मेरा बिखरना,
ड्योढ़ी पर रखे पवित्र कलश के चावलों का बिखराव है
जिसे नई-नवेली सुहागिन अपने दाएँ पाँव की हल्की थाप से
बिखेर देती है घर के भीतर
(२०१८)

## संवाद

जो कभी कट जाता है मेरा हाथ
काग़ज़ की नुकीली धार से
मैं इसे समझ पाती हूँ इस तरह
कि कोई पेड़ अपनी हत्या का प्रतिशोध ले रहा है

जो कभी अकारण ही हो जाएँ
मेरी आँखें आक्लिन्न
मैं इसे समझ पाती हूँ इस तरह
कि संसार भर की नदियाँ क्रोधित हैं मनुष्यों पर

अच्छा!
एक बात तो बताओ
मैं लगभग हर दिन देखती हूँ चैप्लिन की फ़िल्में
क्या तुम भी इस बाबत कुछ समझ पाते हो?
(२०१७)

## एक दिन तुम्हारे कंठ में जल उठूँगी

चकमक पत्थर आपस में टकराते हैं
पल भर का उजला
एक झपक में बुझ जाता है

सबसे तीखी होती है
वह आँच
जो पानी से पैदा होती है

तुम आग हो
दहक उठोगे तेज़
मगर बुझ जाओगे

मैं जल हूँ
एक दिन तुम्हारे कंठ में जल उठूँगी
(२०१७)

## काया के लोकगीत

### १. शपथ

गीता है मेरी काया
मुझ पर तुम्हारी दृष्टि की छुअन
गीता पर हाथ रखने की
पवित्र रस्म
रखते ही गीता पर हाथ
केवल सच कह पाती हैं तुम्हारी आँखें
सच के सिवा कुछ भी नहीं

### २. भोर

श्वासों का नृत्य चलता रहा अनवरत
रात के मंच पर
तुम्हारी भंगिमा के तेज से कट गए
मेरी काया के ढीठ अँधेरे
जाने किस ताल पर
औचक ही फूट पड़ी भोर की पहली किरण

## ३. उद्गम

काया पर जमी बर्फ़ पिघल जाती
तुम्हारी नेह भरी दृष्टि के हल्के आघात से
तुमने संभव किया एक नदी का उद्गम
पोसती वह वनों की हरियाली
लहरों की पोटली में सहेज लेती मछुआरों के गीत
मछलियों की नींदें कुरेदती है
उसकी बाढ़ में नष्ट हो रहतीं जर्जर संस्कृतियाँ
उसके तटों पर फूलतीं शिशुओं की अल्हड़ सभ्यताएँ
उसकी धार में काग़ज़ के जहाज़ सिराते बच्चे
खोज लेते अनजाने द्वीप

## ४. पदार्थ की अवस्थाएँ

कितनी तीखी पीर उठती है
स्पर्श की कल्पना भर से
कल्पना के वायवीय स्पर्श का परिणाम
इतना ठोस क्यों
कैसे झुठला सकोगे उस तरल को
जो मेरी आँखों में बनता है
निरंतर सींचता वैशाख के शुष्क को
(२०१७)

## वक़्त बड़ा ही शातिर जेबकतरा है

तुम्हारे जूतों की थाप से कुचल जाती है मेरी नींद
अंतरिक्ष की खिड़की से झाँकता होगा कोई सितारा अभी
पृथ्वी का आधा पलंग ढँका है आधा उघाड़
छोटी है सूरज की चादर
पाली बदल-बदल के सोती है दुनिया
यहाँ रात का तीजा पहर है
आधी दुनिया के सोने का समय यह
इसी सोने वाली दुनिया का हिस्सा हूँ अभी
और जाग रही हूँ
मैं जाग रही हूँ
इस तरह इस समय सोने वाली दुनिया में जागते हुए
जागने वाली दुनिया का प्रतिनिधित्त्व कर रही हूँ
अभी तो महज़ तीन बजे हैं घड़ी में
अभी हूँ पूरी दुनिया
प्रेम में होता है इतना बल
कि ज़माने भर की घड़ियों को धता बताकर
समय को एक कर दे
तकिए पर बाल चिपका है मेरी पलक से टूटकर
मुट्ठी पर रख फूँक मारने से पहले
चूमती हूँ तुम्हारा माथा हवा में
कई बार एक सादा-सा चुंबन
सुलझा देता है जीवन की कितनी ही गुत्थियाँ
कभी-कभी कोई चुंबन
मस्तिष्क की जटिल कोशिकाओं में उलझ जाता है

कितने ही थरथराते होठों से अपना नाम सुना होगा तुमने
कभी देखा है अपना नाम उल्टी मुट्ठी पर काँपते हुए
रखना ही है तो मुझे हृदय में रखो
अपनी जेब में नहीं
वक़्त बड़ा ही शातिर जेबकतरा है
बिन जूते उतारे
जाने कब से कर रहे हो पृथ्वी की परिक्रमा
कहीं पहुँचते भी नहीं
मैं कँपकँपाती मुट्ठी पर फूँक मार देती हूँ
पता नहीं धरती के किस कोने में उड़कर गिरी है मेरी इच्छा
ठीक ही तो है
कि तुम प्रेम में फूँक-फूँककर क़दम रखते हो
(२०१५)

## प्रेम कचहरी, दिल वकील का काला कोट

'क्योंकि' और 'इसलिए' जब बढ़ने लगे ज़ुबान में
मुक़दमा मुल्तवी करना
नदी संग बैठकों का वक़्त बढ़ा देना
दरख़्तों से पूछना ग़लतियाँ अपनी
बादलों को सोखने देना आँखों की नमी

सुनवाइयों में रहना ख़ामोश
फ़ैसले के दिन हार जाना
(२०१७)

## कंठ का उपवास

कितने नामों को छूते हो जिह्वा की नोक से इस तरह
कि मुँह भर जाता हो छालों से
कितने नामों को सहलाते हो उँगलियों की थाप से यूँ
कि पोरों से छूटता हो पसीना
कितने नाम तैरते हैं तुम्हारी स्मृति की नदी में ऐसे
कि डूबने लगता हो तुम्हारा अस्तित्व
कितने नामों को पुकारते हो इतने प्राणों से
कि पाँव के निर्जीव नखों तक पहुँचता हो
तुम्हारे लहू का ताप
कितने नाम चढ़ पाते हैं तुम्हारे हृदय के शिखर तक
जो लहरा सकते हों अपने कटे-फटे स्वप्न की ध्वजा
किसी हठधर्मी विजेता की तरह

तुम्हारी वेदना का शौर्य है वह नाम
तुम्हारी आत्मा की हिचकी
आँखों का सूख चला जल
श्वास की विस्मृत लय

तुम्हारी घायल इच्छाओं के फल की एक फाँक है
वह नाम
तुम्हारे शुष्क कंठ का उपवास है
(२०१५)

## योगमुद्रा

शीर्षासन में होता है मेरा प्रेम
तुमसे घृणा करते हुए
मैं अपनी सारी योगमुद्राओं में तुम्हें प्रेम करता हूँ
(२०१४)

## उसके आने की ख़बर कौन-ओ-मकाँ से आई

इंतज़ार की ज़मीन पर रखना क़दम
सारे आचार-विचार उतारकर
ठीक वैसे ही जैसे चप्पल-जूते बाहर उतारकर जाते हैं लोग
मंदिरों के भीतर

इंतज़ार में नहीं होता कोई पागल
पागल में होता है इंतज़ार
समझो कि रात है पागल तो चाँद इंतज़ार
बाग़ हैं पागल तो फूल इंतज़ार
कभी देखना रास्ते को
इंतज़ार की रोशनी में चमकते हुए
गुज़रना रास्ते से
इंतज़ार की महक में गमकते हुए

रास्तों में ठोकर लगने पर आँखें खुलती भी हैं, मुंदती भी
जिस पत्थर की ठोकर से खुल जाती हों आँखें
हो न हो उसका नाम दुनियादारी होगा
जिन ठोकरों के बाद आँखें मुंदी ही रह जाती हों
जानना,
उन पत्थरों के नीचे दबा होगा ईश्वर के घर का पता

लहू से नहीं सना वह रास्ता जो उसके घर तक जाता हो
आँखों के पानी से बना है
देवालयों में नहीं रहता ईश्वर

ईश्वर में रहते हैं देवालय
वैसे ही जैसे मुझ में नहीं रहता है प्रेम
प्रेम में रहती हूँ मैं

इंतज़ार के उजाले में उजागर हो जाता है अपना नन्हा-सा क़द
धरती पर पड़ी परछाई मिट्टी से खेलती है

अब की बार देखना जब चाँद, फूल या रास्ते के पत्थर
एक और ही नज़र से देखना

चाँद को रात की बगिया में खिले फूल की तरह देखना
बाग़ों में अलग-अलग रंग के सैकड़ों चाँद महकते हुए देखना
कभी आधे चाँद का रस निचोड़ इत्र बना लेना
मलना कलाइयों में
फूलों को अर्घ्य देना और रास्ते के पत्थरों पर जल ढार देना

शब्दों के मायने का एक हो जाना भाषा की उदारता नहीं
असलियतों की मौज है
शब्दकोश के सारे शब्द कुछ दूर चलकर इंतज़ार में बदल जाते हैं
जैसे संगीत सुने जाने का इंतज़ार
दृश्य देखे जाने का इंतज़ार
गेहूँ की बालियाँ पकने का इंतज़ार
कोई पेड़ चिड़ियों की चहचह के बिना पूरा नहीं होता
पत्तियों का सब्ज़ मुकम्मल होने के लिए करता है
चिड़ियों का इंतज़ार

इंतज़ार की तहज़ीब सीखने में उम्रें गुज़र जाती हैं
आँखों में लगातार मारना होता है पानी के छींटे
तब जाकर खुलता है भेद
कि किनारे हैं पागल और नदी इंतज़ार (२०१७)

## दक्षता

हम अपने घर की छत पर सीख लेंगे तैरना

शहर के बीचोबीच नाव पलटने पर
जंगलों की निर्जनता में छलाँग लगा देंगे
पठारों पर हाथ-पाँव मारते हुए
सड़कों पर बह जाएँगे

हम तैरेंगे घाटियों में
पर्वतों में गोते लगाएँगे
चंद्रमा पर निचोड़ेंगे पैरहन

और
अंत में-
अग्नि में डूब जाएँगे
(२०१६)

# जो डूबा सो पार

मैं इक दरवेश मौसम हूँ
मेरे चिमटे की झम! बारिश

## स्वप्न में सुगंध

जितना दिखता है खिड़की से
उतना ही तो नहीं होता आकाश का क्षेत्रफल

उस अकड़े हुए पेड़ का नाम
अहं है शायद
जिसकी लकड़ियों से
बनती हैं छोटी-छोटी खिड़कियाँ

फैली हथेली पर आकाश बरस पड़ता है
उँगलियों के बीच से रिसता हुआ
टप..टप..टप...

अपरिमित के बीज से उगता हुआ
चेतना का निरन्वय फूल
फैलती हथेली
फैलता आकाश

और फैलती है पृथ्वी के ओर-छोर तक
बुद्ध की सुगंध
(२०१६)

## साधो! यह मुर्दों का गाँव

*(रंगकर्मी मित्र आशीष पाठक के प्रति)*

आह! मेरे जुड़वाँ प्रेत!

कितनी रातों आसमान को टुकड़ा-टुकड़ा खाया हमने
इच्छा की टहनियों पर टँगे हुए
हवाओं की नमी में डुबो-डुबो चबाए सितारे
कर लिया मन चूरा जुगालियों में
कल तक ज़मींदार का खेत था अपना जीवन
और हम बिचारे!
अँखुआए हुए नरम-नरम दाने जरई के

हम कैसे पगले प्रेत हैं
कि प्रेम करते साधकों के जैसे
और साधना करते हैं प्रेम में यूँ
कि मानो वही अपना औलिया हो
वही हो निज़ाम
जंजपूक प्रेत हम जीवन के
अपने ज़मींदार का नाम जपते

ओ मेरे जिगरी!
वो लोग सोचते हैं कि उन्होंने अपनी कलाई पर घड़ी बाँध रखी है
इसके उलट वक़्त उन्हें बाँधे रखता है अपने इशारों पर
नियम वही अपने साथ भी लागू है
कि हम लोग अपनी जान हथेली पे बाँधे रखते हैं

हमारे हाथ हमारे प्राणों को कसकर पकड़े हुए
कविता मेरा हाथ है और रंगमंच तुम्हारा

हम आसमान खाते हैं टुकड़ा-टुकड़ा रात भर
मरते-गिरते-जूझते अपने हिस्से के टुकड़े के लिए
हम प्रेत हैं अंतिम सत्य की खोज में भटकते

बंधु!
पूरी बारिश भीगती रही हूँ एकांत के गीलेपन में
और स्वप्न की धूप में सुखाती रही भीगी नश्वर देह
एक रोज़ बहा आई मैं कान के बुँदे नरबदा जी की धार में
वही कान के बुँदे जिनके पेंच में उलझी पड़ी थीं
उत्तर की खंडित हवाएँ

दोस्त!
मेरे रक्त में एक अनोखा जीवाणु पाया गया है
और सकते में हैं वैद्य-हकीम
ये वही कीड़ा है जो तुम्हारे लहू में भी कुलबुलाता है
हम लार बहाते लपर-लपर चख लेते जीवन
जीवन बेरहम बिना किसी चेतावनी के हमें लील लेता है

नींद टूटने से स्वप्न कभी नहीं टूटते
वो धड़कते हैं हमारे भीतर आजीवन
जागने का अर्थ आँख का खुलना भर नहीं होता
भरम चटक जाते हैं जाग की आहट भर से

कितने तो बीहड़ पार किए हमने
कितने जन्म लिए
एक-एक जन्म में कितनी बार जिए
कितनी बार मरे

अपने हिस्से की रातों को पीकर अमर हुए
हम प्रेत हैं परिव्राजक
कोई अचरज की बात नहीं
कि ओझा-तांत्रिक हमारे भय से दूर भाग जाते हैं
हम बाजना मठ की सिद्ध घंटियों में बजते
जाबालि की नगरी में गूँजते

साथी!
तुम अपने स्वप्न की सेंक को नरबदा जी में बहा आना
और लेते आना चिताओं की आँच जेबें भर-भर
अरसा बीता मैंने तकिए का ग़िलाफ़ नहीं बदला
अब तो गाहे-ब-गाहे मैं धूप बदल देती हूँ
मज़े से सुखा लेती हूँ अपने एकांत के गीलेपन को
ग्वारीघाट की दहकती हुई लकड़ियों की आँच में

मित्र!
तुम भी अपनी जेब में हाथ डालो
मन बुझे तो बुझे
अमन का दीया अंतस में जला लो

हम प्रेत है साधक
लहटते नहीं किसी पर, उल्टे मुक्त कर देते हैं

आओ!
आओ! मेरे जुड़वाँ प्रेत!
ग्वारीघाट की सीढ़ियों पर बैठकर
मूँगफली चबाई जाए
किसी अधजली चिता के अंगार में भूनकर

हम तो जरछार हैं और जान चुके हैं
सब जलेगा अंत में

तुम देखना, पियारे!
हवा में उड़ाकर पीछे फेंके हुए छिल्के मूँगफली के
गिरेंगे संसार भर में
(२०१५)

## आभास

कविता कुतरती है मेरे रेशमी एकांत को
किसी चंचल चूहे की तरह
मैंने कपड़े को पानी में बदलने का हुनर सीखा
तो चूहों ने झटपट मछली का रूप धर लिया
मैंने पानी को आकाश बनाने की विधि खोजी
तो मछलियों ने पंछियों में बदल जाने का जादू दिखाया

कविता
दरअसल मेरे एकांत पर सेंध लगाती है
एक शातिर शिकारी की तरह
मैं अपने मौन की रक्षा के लिए
कपड़ा पानी आकाश चंद्रमा प्रपात या पेड़ में बदल जाती हूँ

अपने ही नाम की धमक से थर्राने वालों पर
प्रकट नहीं होता सूर्य का रहस्य
टूटे सितारों की धूल बहुरूपियों पर झरती है
कभी-कभी कविता
मेरा आँगन बुहारने में असमर्थ अधटूटी झाड़ू हो जाती है

मुझे आभास है
एक दिन इस झाड़ू की सारी सींकें टूटकर धूल में मिल जाएँगी
एक दिन धूप धान धुन लकड़ी लोहा लोग सब गड्डमड्ड हो जाएँगे
एक दिन सारा ज़माना अपना ठिकाना हो जाएगा

एक दिन अपना नाम अपने से अजनबी हो जाएगा
एक दिन अपना पता दयार-ए-नबी हो जाएगा

प्रिय!
क्या तुम्हें झाड़ू के एक सींक से आकाश भेद देने की कला आती है?

मुझे आभास है
एक दिन मैं पैदा होऊँगी धूल के एक कण से
आकाश चटक-चटक हर ओर झरेगा
एक दिन अपनी माँग में धूप भरूँगी
धूप,
जो किसी साधक सितारे की धूल है
एक दिन अपनी पाज़ेब में धूप जड़ूँगी
धूप,
जो किसी मायावी नर्तक का घुँघरू है

एक दिन धरती पर धूल का अंधड़ उड़ेगा
एक दिन दिशाएँ अचरज की छनछन से गूँज उठेंगी

एक आदिम नाच होगा
साँय साँय साँय की थाप पर
नमी दानम कि आख़िर चूँ दम-ए-दीदार मी रक़्सम
बसद सामान-ए-रुसवाई सर-ए-बाज़ार मी रक़्सम*

लचीले आकाश के कुछ नियम शाश्वत हैं
लय में उगने वाली सुबह को काटनी होती है प्रलय की रात
बहुरूपिया है धूल
बहुरूपिया चाँद
बहुरूपिया है कविता

बहुरूपिया कवि
बहुरूपिया सितारों की बारात

कविता
जीवन की कड़ी धूप पर बनती परछाई है

एक खुली छत है एकांत
झुलसी परछाइयों पर खुलता है सूर्य का रहस्य
बस! इतनी ही है बात
(२०१६)

**Do not know why at last to have a longing look, I dance. You strike the musical instrument and see everytime I dance, in whatever way you cause me to dance. O beloved! I dance. – Baba Bulle shah]*

## विलोम की लय में

उस विक्षिप्त भीड़ को मेला कहते हैं
मिलने की उस जगह अक्सर बिछड़ी हैं जुड़वाँ रूहें

कोई शब्द जब अपना अर्थ भूलकर
विलोम के व्यवहार को सद्भावनापूर्वक अपनाता है
जान लेना आसपास कोई लड़का सूर्यास्त के समय राह भटका होगा
कोई लड़की उपासी बैठी होगी
कोई बूढ़ी पगली औरत तारे तोड़ती होगी
कोई गड़रिया जीवन के पेड़ से
नरम डाली तोड़ अपनी भेड़ें हँकालता होगा।

मृत्यु,
उस गड़रिये की सफ़ेद भेड़ होगी।
(२०१६)

## सत्यान्वेषी

एक दिन हम सब 12x18 इंच के एक फ़ोटो फ्रेम के भीतर सिकुड़कर रह जाएँगे और हमारी मुस्कुराती शक्लें अगरबत्ती के धुएँ के पीछे छुप जाएँगी। वो लोग जो जीवन भर हमारी फक्कड़ हँसी से ख़ौफ़ खाते रहे या हमारे मुक्त केश बाँधने के लिए चौड़े फीते बनाते रहे, हमारी अच्छाइयाँ गिनते नहीं थकेंगे। हमारी ज़िंदगी की बड़ी से बड़ी ग़लती पर लाड़ के रेशमी पर्दे पड़े होंगे और हमारी छोटी-छोटी जीतों का आकार अचानक ज्यूपिटराना हो रहेगा। हम सब आगे या पीछे लगभग एक ही तरह की प्रतिक्रियात्मक स्मृति में टाँक दिए जाएँगे जहाँ कुछ घंटों की सनसनी को दुःख कहते हैं।

गूगल के सहारे किसी को ढूँढ़ा जा सकता
तो यक़ीनन सबसे पहले मैं ख़ुद को ढूँढ़ निकालती

कोई पढ़ने या न पढ़ने वाला भी अगर मुझे जानना चाहे
तो कृपया गूगल का भरोसा न करे
न ही उन्हें सुने जो मेरे जाने के बाद मेरी शान में कुछ कह रहे हैं
सुनना तो बस! उन्हें,
जो कुछ नहीं कह पा रहे।
मेरा क़िस्सा ख़त्म होने पर कुछ (एकदम कुछ) लोग ज़रूर
ऐसे बच रहेंगे जो जानते थे कि
मुझे सही होने की उतनी चाह नहीं है
जितनी कि सत्य होने की
दरअसल मेरे दोस्त!
ज़िंदगी अपने आप में एक आतंकवादी हमला है

जिससे किसी तरह बच निकली कविता
अपने क्षत-विक्षत टुकड़ों में भटकती
दु:स्वप्न बन अपने कवि की नींद चुनती है
हमारे दु:स्वप्न कितनी ही कविताओं का शमशान घाट हैं
हमारी कविताएँ आँखों देखी मौत का ऐतिहासिक दस्तावेज़
(२०१६)

## संगत

अपने पैने शास्त्रार्थ से
तुम कर तो सकते हो मुझ पर वार
मगर मार नहीं सकते
मेरा सिर उतारने का एकमात्र हथियार है
प्रेम की भोथरी तलवार

सिद्धों की नहीं
सदा से ही मैंने बुद्धों की संगत की है
(२०१९)

## पानी की सूत्रधार

*तेरह बूँदें*

### पहली

पानी में ईंटें पकाकर
बनाए पिरामिड काग़ज़ पर
महज़ कविता नहीं थी वह
जहाँ बिंबों के लेप में लपेटकर बचाया हमेशा
एक स्वप्न-
स्वप्न,
जिसमें फूलों से उलझकर
टूटते नहीं तितली के पंख

### दूसरी

बाद दसवीं जमात
किताबों में लगाते हुए कबीरी बुकमार्क
कभी मालूम नहीं चलने पाता
कि हमारे विषय ने हमें चुन लिया था बचपन में ही
कुछ लोगों की आँखों के पटल पर लिखा रहता
हमेशा ही पानी का रासायनिक सूत्र
पर यह ज़रूरी नहीं कि दुनिया में हर किसी को आ जाए
केमिस्ट्री पढ़ने का सलीक़ा

## तीसरी

पीड़ा के सघनतम क्षणों में मनुष्य होता है सबसे शक्तिशाली
तब नहीं रह जाती भाषा महज़ वाणी का अलंकार
पानी का देवता निर्बल के मुख से मुखर होता है

जो करनी हो इस बात की परख तो करो
अपने सबसे चोटिल मन से प्रार्थना
किसी अन्य के टूटे हृदय के लिए
एक मित्र ने पत्र में लिखा,

"चार बरस पहले तुमने कहा था कि कुछ दिन पिता के पास जाकर रहो। क्या तुम जानती थी कि पिता महीने भर और साथ हैं? पिछले हफ़्ते तुमने कहा परेशान न होओ, सब जल्दी ही ठीक होने को है। जानती हो, बेटे का एडमिशन हो गया उसी स्कूल में, जिसके लिए हम संघर्ष कर रहे थे। ऑफ़िस का मसला भी सुलझ गया है। और सबसे प्यारी बात यह कि तिस्ता लौट आई है।
कल तुमने कहा कि बारिश होगी। आधे घंटे के अंदर ऐसा मूसलाधार पानी कि जी भीतर तक भीग गया। तुम्हारी याद आई। हाँ, अब सब ठीक है।"

मैं उसे लिख नहीं पाई कि मेरे पाँव में एक काँच गड़ा हुआ है
साइंसदान और मलंगों ने ढूँढ़ निकाले पानी से सूत्र
रासायनिक और तात्त्विक 'वाद' से भर गई किताबें और जीवन
इधर इस जन्म के लिए
पानी ने मुझे निर्विवाद अपना सूत्रधार चुन लिया

एक नदी जड़ी है काँच की मेरे शहर की किनारियों में
मेघ से झरते छज्जे पर मोती काँच के
छाती की छत पर बरसता आषाढ़ काँच का
बहुरूपिया है पानी

मैं उसे लिख नहीं पाई कि देख लेती हूँ कुछ-कुछ
मेरी आँखें हैं काँच की

**चौथी**

नदियों को ठसका लग जाए तो कौन देता होगा पानी?

यूँ तो उन चींटियों से क्षमा माँग ली मैंने जिनके बिल पर
बहुत पहले भूलवश पाँव पड़ गया था
उस मिट्‌ठू से भी
जिसे बाबा ने पिंजरे में रखा था बरसों-बरस

धीमे चलती हूँ
कि धरती पर खरोंच न लगे
हौले लेती हूँ श्वास कि हवा को आघात न पहुँचे
ठहर-ठहरकर पीती हूँ पानी कि पानी पर दाग़ न पड़े
बिना आहट मरती हूँ कि मृत्यु को
चोट न लगे

एक नदी के गले में फँस रही मेरी जूठी
बेर की गुठलियाँ
गला दुःख रहा
डॉक्टर गरारे को कहते हैं
सबसे मारक होता है पानी का प्रतिशोध
गर्म पानी की सेंक पर नाचती है बेर की गुठलियाँ

बच्चों की उम्र का ईश्वर
पानी से खेलता है
छप... छप...

पानी की गुड़िया हूँ
मेरी चोटी में बँधे पानी के फीते खोलता शैतान
पानी की चिमटियों को तोड़ देता है

बाल मेरे खिंचते हैं, बहा लेती पानी
टूट जाता मायावी मेघ
स्वप्न में बरसता है
भर जाती धरती की गोद

नन्हा ईश्वर भर लेता आँखों में मुझको
टूटते हैं बुलबुले
पानी अटूट

**पाँचवीं**

कालिख सनी रात्रि भी नहीं छोड़ पाती
तारक की धवल देह पर रत्ती भर दाग़
काली-कोठरी में आयु संपन्न कर टूटता वह
अपनी अनुपम उजास के साथ
ज्यों बिजोगिनी की कजरारी कोरों से चटककर गिरती हुई
पानी की उजली बूँद

झरने के वेगमय जल के बल से मछली का गिरना
निष्प्राण-नुकीले पाषाण पर चेतना का प्रथम आभास है
यह मनुष्यों की रक्तरंजित क्रांति से इतर
कुदरत का अपना ही ढंग है
जहाँ चैतन्यता का मोल लहू बहाकर चुकाया जाता है।

आह!
गिरता हुआ वह नूरानी नक्षत्र
या कि झरने-से गिरती चाँदी-सी वह मछली
या कि आँखों से छलकी बूँद उजली
सद्गति को प्राप्त नहीं होते

विश्व की सामूहिक चेतना की ऊर्ध्वगति हेतु
गिर गए तारे
और मछलियाँ
और अश्रु

तारा गिरता है किसी कवि की कविता में;
कहीं दूर जाकर मनुष्यता की अँधेरी खोह प्रकाशित होती है
मछली गिरती है तेल के कड़ाह में;
सव्यसाची कौन्तेय के तीर से बिंधकर-
कहीं दूर जाकर धर्म के राज्य की स्थापना होती है
बिजोगिनी की आँखों से गिरती हैं कुछ बूँदें
शुष्क पड़ी पृथ्वी कुछ नम होती है

**छठवीं**

स्वप्न
सोनमछली है
आँखों के पोखर की
सूखेगा जल तो मछली मरेगी

जल की कमी
प्रेम का सबसे बड़ा संकट है

## सातवीं

रगों में धीमा-धीमा बीता अगस्त। बरसात के लिफ़ाफ़े में मेरे नाम कई ख़त रहे क़ुदरत के। हर दिन एक ख़त पढ़ा, लिखे दो। रक्खे ड्राफ़्ट में। भेजे नहीं।
***

इधर पिछले दिनों से एक चिड़िया आ बैठती है लगभग हर दिन बालकनी में। अब हमारी आपस में एक-दूसरे से कई दिनों की जान-पहचान हुई। यूँ जात की वह गौरैया हुई पर अपनेपन में उसे लिनेट पुकारती हूँ मैं। लिनेट अपनी नन्ही चोंच से गमले पर रखे दीये को खुरचती है तो घर भर में उस घिसन की आवाज़ से दिन उग आता है। बाद भीगने के जब वह झटकती है कभी पंख अपने, उसकी देह में छुपे असंख्य मोती गैलरी पर टूट बिखरते हैं। यह दृश्य मैंने एक से अधिक बार देखा है। जैसे हवा के कैनवस पर लिनेट और उसके मोतियों के ख़ज़ाने लुटाने के ढंग को किसी ने बहुत सधे हाथों से उकेरा हो। इस जीती-जागती पेन्टिंग का सम्मोहन मेरे ज़ेहन पर इस क़दर चस्पा है कि इसे जब कभी मेरी आँखों में झाँककर देखा जा सकता है।
जो देख ले।
***

ज़ुल्फ़िक़ार घोष की कविता 'द ज्यॉग्रफ़ी लेसन' के दौरान एक बच्चे ने क्लास में पूछा था कि लोग आपस में इतना झगड़ते ही क्यों हैं? सवाल छूटते ही साथ बैठे दूसरे बच्चे ने इसका जवाब दिया था, "लोगों को अच्छी चीज़ों और कामों के बारे में कम पता है। तो लोग अपनी जानकारी बराबर जीते हैं न। इसीलिए। उनको झगड़ा ही पता है, तो झगड़ते हैं।"
जीवन के सबसे गहन प्रश्नों के उत्तर सबसे सहज-सरल ढंग से मिल जाते हैं।
मेरी आँखों में एकदम से लिनेट पंख झटकती है। मोती टूटकर क्लास में

बिखरें, इसके पहले मैं बोर्ड की तरफ़ मुड़ जाती हूँ। एक झपक बराबर अंतराल के बाद फिर पलटती हूँ, बात आगे बढ़ती है। ग्यारहवीं की एक बच्ची आई एक दिन अपनी कविताओं की डायरी वापस लेने। दो महीने से मेरे पास रखी थी। डायरी हाथ में लेते अपनी आँखों की सारी उत्सुकता और उत्साह उसने अपनी आवाज़ में धर दिए,

"आपने नोट तो लिख दिया है न कविताओं के आगे?"
"देखो तो।"

मैंने मुस्कुराते हुए कहा।

उसे अपनी डायरी में जगह-जगह पत्तियाँ, गुलाब की पंखुड़ियाँ और पेंसिल से बनाए पहाड़, सूरज और आसमान उठाए चिड़ियों के झुंड मिलते हैं। वह मुझसे लिपट जाती है।

"मिल गया नोट। अनमोल है मेरे लिए।"
धीमे से कहती है।

ये लड़की, ये कल की लड़की, जुमा-जुमा चार दिन हुए ग्यारहवीं पहुँची लड़की, कैसे ये मेरे इशारे डिकोड कर लेती है। ज़रा अविश्वास से उसकी ओर देखती हूँ। वह एक और बार गले लग जाती है। मैं आँखों पर पलकों का पर्दा गिराती हूँ। लिनेट अपनी पेन्टिंग में कभी भी पंख झटक सकती है।
***

मज़े-मौज में सरिता को मैं अक्सर छेड़ती रहती हूँ।

सरिता, हमारे घर की अन्नपूर्णा, घर में चूल्हे-चौके का ज़िम्मा इनके ही पास है। तुलसी के पास धूप-अगरबत्ती ये अपनी मर्ज़ी से करती

रहती हैं। घर में किसी की मजाल नहीं जो इन पर रोक-टोक कर सके। तो सरिता को जब-तब छेड़ती रहती हूँ।
"महिला-सशक्तीकरण जानती हो तुम? नारीवाद समझती हो?"

"बकवास न करो तुम हमसे। टिफ़िन में पालक क्यों नहीं ख़त्म हुई?"

"यार! तुमसे कोई ढंग की बात करो तो तुम पालक को क्यों बीच में लाती हो? अच्छा पालक की छोड़ो। तीजा की तैयारी हो गई?"

"काहे का तीजा? हम छोड़ दिए पर साल। तुम ही तो समझाई थी। और बात सही है, इतना काम करना है हमको तो क्यों भूखे रहें? वो भी उसके लिए, जिसको कोई काम करना नहीं।"

घर में ठहाके गूँजते हैं। अंदर के कमरे से मधु प्रकट होती हैं। मधु के ज़िम्मे घर के अन्य काम हैं। ये दोनों प्यारी औरतें मेरी जीवनचर्या का बहुत ज़रूरी हिस्सा गढ़ती हैं।

"तुम न! बस बिगाड़ो सबको। धरम-त्योहार छुड़वाओ हमारे।"
"ल्यो। हम कहाँ कुछ बोले?"

मैंने शरारत से अपने आपको धार्मिक-शरीफ़ घोषित करने की चेष्टा की।

"चलो बैठो। तेल मलें सिर पर तुम्हारे। बहुत भेजा काम पर लगाती हो।"

"भेजा कहाँ लगाते हैं ज़ियादह काम पर? जिस हिस्से से हम काम लेते हैं, वहाँ के लिए कोई तेल-मरहम नहीं।"

मधु तेल-मालिश करने बैठ जाती है।

स्कूल से लौटते वक़्त वॉचमैन भैया मिल गए। दुआ-सलाम हुई।

"समय बुरा है। लेखकों को सरकार जेल में बंद कर रही।" मैंने कहा।

अच्छा, यहाँ ये बताना भी ठीक रहेगा कि कविता सुनाने के अपने शुरुआती दिनों में मैंने पेड़, चाँद, नदी और अपने वॉचमैन भैया को ही कविताएँ सुनाईं।

तो जब मैं उन्हें बुरे समय की ख़बर देती हूँ, वह मुझसे पलटकर कहते हैं,

"बुरा समय कि अच्छा। यानी सरकार भी डरती है न लेखक लोगों से। चलो, अच्छा है न, अब बच्चे लोग भी जान जाएँगे कि कौन किससे डरता है।"

मैं वॉचमैन भैया के आश्वस्त चेहरे को देखती हूँ। वो ख़ाली समय में थर्माकोल से कलाकृतियाँ बनाते हैं और अपार्टमेंट के बच्चों के संग क्रिकेट खेलते हैं।

***

कल पैथोलॉजी सेंटर में ब्लड-टेस्ट करवा रही थी अपनी सारी ताक़त जुटाकर नखरे दिखाते और हरकतें करते हुए। पैथो-भैया को मुझ पर लाड़ आ गया। और ज़रा देर वहाँ बैठती तो वह मेरे लिए चॉकलेट ले आता। नीडल निकालकर जैसे ही ख़ून लेने की तैयारी शुरू किया, मैंने जो कारगुज़ारियाँ कीं, वह लंबे बालों और दाढ़ी वाला अंगुलिमाल-सा दिखता आदमी पिघल गया। बोला, "इतने सालों से ख़ून लिया करता हूँ सिरींज में, एक आप मुझे नर्वस कर देती हैं।"

“अच्छा, निकाल लीजिए आप। मेरे रोने से न डरा कीजिए।”

भला और क्या कहकर उसे राहत दिलाती। परछाई जैसे एक आदमी की बग़ल में मुँह छुपाकर मैंने ख़ून निकलवाया।
***

एक क़रीबी कहता है, “बात-बात पर रो देती हो। कितनी कमज़ोर हो तुम।”

ग्यारहवीं की लड़की, वॉचमैन भैया, सरिता, मधु, पैथो-भैया.. सब मेरी आँखों में उस लिनेट की पेन्टिंग देख सकते हैं जो बारिश में भीगकर मेरी गैलरी में पंख झटकती है। लेकिन उस अकेले की आँखों में पहले ही इतने दृश्यों की भरमार है कि वह भीगे पंखों वाली चिड़िया की पेन्टिंग से चूकता है। वह यह भी नहीं देख नहीं पाता कि मेरे इर्द-गिर्द जो दुनिया है, वहाँ संघर्ष ज़रूर हैं, लेकिन नफ़रतें नहीं।

यूँ हर कोई हर कुछ नहीं देख पाता। और फिर यह भी है कि देख भी क्यों ले जाए?
***

फिर ज़रा देर के लिए दूर की दीन-दुनिया देखने के लिहाज़ से फ़ेसबुक लॉगिन करती हूँ। तब लगता है कि इस ब्रह्मांड की हर शै, हर मनुष्य, हर जीवित-मृत, हवा-नदी-समंदर-पेड़, आकाशगंगा, संगीतज्ञ-कवि-पेंटर-खिलाड़ी सब-के-सब या तो लाल झंडे के तले हैं या भगवा झंडे के तले।

चिंता में पड़ती हूँ। पता नहीं मेरे इर्द-गिर्द के लोग किस दुनिया से आ रहे हैं। वे सब आख़िर कहाँ चले जाएँ जिनके झंडे का रंग आसमानी है।

लिनेट अभी-अभी मेरी आँखों के भीतर पंख फड़फड़ाकर उड़ गई है मेरी

छात्रा की डायरी में बने आसमान की ओर।
***

ड्राफ़्ट बंद रह गए एक लाइन के ख़त में मैंने पूछा था एक बार,

"तुमने कभी आसमान को ग़ौर-से देखा है?"

## आठवीं

डेल्टा में जमा हो रहते नदी के अवसाद
बहने नहीं पाता जल, फड़फड़ा के मर जाता

तरल का वेग नष्ट करने वाले त्रिकोण
बन जाते हत्यारे जल के, जल की हलचल के
किनारियों पर जमती चली जाती काई परत-दर-परत
ज्यों मिनटों पर जमा होते मिनट खड़े कर देते पहाड़ घंटों के,
माह के, बरसों के, सदियों के

तितली-वनस्पतियाँ, बादल-चट्टानें,
मन-मनुष्य फिसलते अपनी-अपनी आयु के भीतर
और समय अडोल

कोई सावन का अंधा फिसल गिरता हरे के अँधेरे में
टूटती नहीं हड्डियाँ
मन टूटकर डेल्टा में घुल जाता
और जल अडोल

**नौवीं**

[जिस स्वप्न को देखते हुए नींद में ही
बह निकलें आँखें
जानना,
वह स्वप्न नहीं था]
मूक नहीं आकाश
दिन, रात और ऋतुएँ
वचन हैं उसके

वह होता है प्रकट सूर्य के जलने में
चंद्रमा के गलने में
नक्षत्र-उल्काओं की छींक में
आकाशगंगा की कराह में

न मिट्टी है गूँगी
वह बोलती है गेहूँ की बालियों में
चिनार के तने में
गुलबंसा के सुर्ख़ में वह प्रकट होती है

जल नहीं चुप्पा
खिलता आषाढ़ की वर्षा में
किसान के माथे की सलवट में
प्रकट होता है वह नदियों की माहवारी में

अग्नि नहीं मौन
वह होती है प्रकट चूल्हे में
देह में, खदानों में
मृत्यु में
वायु

श्वास की विस्मृति में प्रकट होती है

एक बार की बात है
मैंने अपनी जिह्वा की नोक पर रखे शास्त्र
दीमकों के मध्य विसर्जित किए थे

एक बार की बात है
मैंने हथेली पर धर लिया था आकाश
वक्षों पर थाप ली थी मिट्टी
पसलियों में भर ली थी आग
जल की पट्टियों से बाँधे थे अस्थि-पंजर
अपने ही पुतले में फूँक मार भर लिए थे प्राण

तब से हर दिन
उठती हूँ सोती हूँ उठती हूँ सोती हूँ
उठती हूँ सोती हूँ सदियों से...
जागती नहीं

अपनी अँगड़ाइयों में चटकाती हूँ नसें
समय टूटता है खंड-खंड

आकाश की उजली त्योरियाँ चढ़ने के पहले
मैं हो भी सकती हूँ
वायु की विस्मृति में विलीन
वायु में घुलने की संभावना के भी पहले
मध्य-रात्रि
मैं आँखों की कोर में बूँद के बराबर प्रकट होती हूँ

## दसवीं

नाव नहीं जानती
मल्लाह, मछली, जाल को भी नहीं पता
कि पानी की छाती पर चोटें हैं

वो बच्चा रो रहा है दूध के लिए
कथा से बाहर निकल थक कर बैठ गया मज़दूर यहाँ
सरकारी बयानों से उलट फिर उजड़ी फ़सल
इस किसान की

प्रेमी भूल गया दरिया पार करने का जादू
कविताओं के सिरहाने चिबुक टिकाए
सौ बरस से लेटी है एक लड़की

चोटिल लोगों को तनिक आभास नहीं
उनकी आँखों से कराह रहा दुनिया भर का पानी
बादलों ने बहुत पहले तोड़ दिया
अपनी रुत से अनुबंध

मंगल की लाल मिट्टी पर उँगलियों से
उकेरता है पानी का सूत्र
उदास ईश्वर...

घायल पानी चुप है
साइंसदान तोड़ता है पानी
बूझ नहीं पाता
कि पानी की छाती पर चोटें हैं

## ग्यारहवीं

पानी को
लगती है चोट पानी से-
भर जाता घाव पानी के लेप से।

## बारहवीं

पहिये में भरकर साँस बराबर हवा
और मुट्ठी भर आसमान
आग की सड़क पर
पानी की साइकिल चलाता है
मिट्टी का माधो।

## तेरहवीं

पानी का
पानी से मिलना
पानी का पानी
पानी में मिलना
पानी बोना
पानी काटना
पानी रखना
पानी बाँटना
पानी कहना
पानी रहना
तुम पानी की
बानी रहना

(२०१७-१९)

## नश्वर का अमृत

शेर अपना इलाक़ा बचाता है
हाथी अपना कुल
हिरण बचाते-फिरते प्राण
मैना भी किसी तरह ही बचा पाती
घोंसला अपना

ये गिलहरियाँ हैं
जो बचा ले जातीं जंगल
जैसे साँसें बचाती हैं देह
प्रेम बचा लेता जीवन।
(२०१९)

## पानी की बानी

कितना बड़ा सिर मेरा जिसमें
रूसो, जिबरान, नियामी
बुल्लेशाह, राबिया, रूमी

और भी जाने कौन-कौन
रहते आए मुझ संग यूँ
ज्यों मिट्ठू और नजूमी

कितनी बड़ी छाती तुम्हारी
जिसमें समा जाता है
सिर मेरा इस तरह
मानो शब्दों में मानी

जिसके हिस्से आ जाए ऐसी छाती
उसके सिर को गलकर
हो जाना है पानी
(२००४)

## श्वास-श्वास झंकार

वे दुबके पड़े रहते अपनी उबासियों में
उनकी कट्टर निराशाएँ चमचमाती
हम फटेहाल सड़कों पर नृत्य करते
हमारे पाँव की थाप से पृथ्वी थरथराती है
वे पीड़ा से बिलबिलाते हैं
कि जैसे उनकी आत्मा पर ठोंकी गई हो गहरी कील
जिस पर टंगी है उनकी देह
हमारी आत्माओं पर भी कम नहीं गरम चिमटे से पड़े चकत्ते
जले निशानों को पिरोकर हमने बाँध लिए अपने पैरों में घुँघरू
अनंतकाल के गले पर फँसी सुबक हैं उनके भारी क़दम
हम पानी में निरंतर फैलते अमीबा अपने भूत-भविष्य से बेख़बर
थिरकते झरने की लय पर
उनके पेट में कुलबुलाता है नृत्य
वे कसकर बाँधते हैं कमरबंद
उनकी जम्हाइयों से बनी हवा की दीवार
सीलन भरी उनके सामने खड़ी
हम चिंदीचोर-से नाचते हैं सड़क पर यूँ कि नाचता है आलम
नाचती है पृथ्वी गोल-गोल दरवेश सी
हम नृत्य से ढँक लेते अपनी देह की नग्नता
हमारी आत्माएँ नाचती हैं निर्वस्त्र
हमारे नृत्य पर करते हैं वे विलाप
हम कर सकते हैं उनके विलाप पर दो मिनट का मौन नृत्य
कि विलाप के नृत्य की मुद्राएँ भी आती हैं हमें
हम रूमी की बौराई-सी चकरघिन्नियाँ हैं
नटराज की नाभि से फूटा झन-झन करता नाद हैं (२०१२)

## भँवर में नृत्य

### १. रम्भा

स्वप्न
विस्मृति है यथार्थ की
एक सुरंग भी जो खुलती है
नींद के पार जाग के चौराहे पर
पीड़ा की विस्मृति है वह घाव
टिका हुआ कपास के कोमल फ़ाहे पर

नृत्य
विस्मृति है देह की
मुक्ति की मद्धम थाप भी
दह जाती देह दहकती ताल पर
थिरक की ढाल पर ढह जाता ताप भी

ज्यों हवा की झूम से डोलते हैं वृक्ष
पृथ्वी पर थिरकती है छाँव
रह जाती ठगी-सी
धूप की अकड़

ज्यों पतवार की ठुमक से
जल पर नाचती है नाव
छूट जाती हौले से
तट की पकड़

## २. चित्रलेखा

नृत्य
उत्सव है अंतस का
काया का वैभव प्रतिबिंब केवल
जल में डोलता हुआ

ज्यों जीवन है जल
देहराग और रंग
अपने निरंग में घोलता हुआ

## ३. इज़ाडोरा

आनंद से फूटती है देह में ठुमक
कभी-कभी भूख से भी
कम ही लोग हुए भूले जो
भूख की तीखी मार
रक़्स करते हुए

## ४. रूमी

"नाचते हुए आदमी के दिल का
निशाना मुश्किल से लिया जा सकता है"

एक नज़्म में ऐसा लिख गए अफ़ज़ाल अहमद

कुछ और जीते तो कहते शायद
लगा लो कहीं भी निशाना
दिल पर ही लगेगा

नाचता हुआ आदमी बचता भी है कुछ
एक फैलते हुए दिल के सिवाय?
(२०१७-१९)

## वह कल्याणी

उसकी छातियाँ मत नापो
उनमें डूबो

वह स्त्री
तुम्हें इस तरह पार लगा देगी
ज्यों मणिकर्णिका में गंगा तार देती है
पार्थिव भंगुरता को
(२०१९)

## स्थिति

थक जाओ जब तुम चलते-चलते
लौट आना

मेरी शुभेच्छाओं के सिरहाने टिकना
सो जाना मेरी प्रार्थना के
बिछौने में

देखो! इसी स्थान पर मुँद जाती हैं
हम दोनों की आँखें
(२०१८)

## माँ के लिए

मैंने देखा तुम्हें तल्लीनता से रोटी बेलते
और जान गई कि पृथ्वी
बिना राह भटके अपनी धुरी पर कैसे घूमती है
एकदम ठीक-ठीक
गोल गोल

रात का सियाह छीलकर
तुम कच्चा दिन चूल्हे में सेंक देती हो
मर्तबानों में रख लेती वनवासी वसंत
जलपात्रों में भर देती वर्षाम्बु
चंद्रमा के हँसिये से काटती
शरद का साग
चुटकी भर अमरता छौंक देती हो

तुम जब भोजन परोसती हो
नन्हे शिशुओं में बदल जाते
बूढ़े बरगद और चिरयुवा नदियाँ

ओ संसार के समस्त प्रकाशवान
और प्रकाशहीन नक्षत्रों की माई!
तेजस्वी सूर्य को नमस्कार करती
पूरी दुनिया
वह अग्निपुंज तुम्हारे गमलों से उगता है
बेल की तरह चढ़ता आकाश

रसोई के वातायन से टुकुर-टुकुर झाँकता
तुम्हारा वह समुज्ज्वल पुत्र भी जान गया कि पृथ्वी
बिना राह भटके अपनी धुरी पर कैसे घूमती है
एकदम ठीक-ठीक
गोल-गोल
(२०१८)

## हिदायतें: ख़ुद को

उस आदमी से सहानुभूति रखना
जो ख़राब कविताएँ लिखता है
कविता, हर हाल में जिजीविषा का प्रतीक है
इसे तुम इस तरह सोचना
कि इस ख़तरनाक समय में कम-अज़-कम वह जीना तो चाहता है

उस आदमी पर मत हँसना
जो दिशाओं को इतना ही जान पाया हो
जितना कि मोबाइल स्क्रीन के चार कोने
दरअसल वह इस बात की संभावना है
कि किसी ऐसे ग्रह में भी जीवन संभव है जहाँ पानी न हो

उस आदमी को शुक्रिया कहना जिसने तुम्हें धक्का मार दिया था
तुम औंधे मुँह गिर भी सकते थे
लेकिन ज़मीन पर धप्प्प से गिरने की बजाय
साफ़ सुनाई देती है आसमान पर तुम्हारे पंखों की फड़फड़ाहट

उसके पास अपना वक़्त ख़र्च करना जो तुम्हारा इंतज़ार करता हो
एक दिन जान तुम जाओगे कि उसके अलावा
इस धरती पर किसी को तुम्हारी ज़रूरत नहीं है

चाहे कितने ही धब्बे क्यों न हों
देह से भी पहले प्रेमी के सामने अपनी आत्मा निर्वस्त्र करना

दुनिया को किसी बच्चे की नज़र से देखना
आँखें केवल सोने के लिए मत मूँदना
नदियों से एक संगीतकार की तरह मिलना
बुद्धिजीवी सेना का सामना करने के पहले
मौन का कवच पहन लेना
बुद्धिमान के पास प्रश्नों के साथ जाना
बुद्धू के पास प्यार लेकर जाना
बुद्ध के पास नींद में चलते हुए जाना
मृत्यु जब आए तो उसे जागते हुए मिलना

भीड़ है बाज़ार में
चमकीले जीवन का हर यंत्र उपलब्ध है
चाक़ू है, चम्मच है, चाभी है
चाँदी है, चंदन है, चादर है
कितने ही रंगों के धागे हैं
चोरी की चिंदी है

कम्बख़्त! एक सुई नहीं मिलती
जो आत्मा के माँस पर ठक्क से चुभ जाए
अदृश्य के लहू का क़तरा है आँसू
दुनिया-जहान में सूखा पड़ा है

सुई गुम गई है
सो आख़िरी हिदायत
कोठरी में गुमी सुई को बाज़ार में मत ढूँढ़ना
(२०१६)

## मिच्छामि दुक्कड़म

तुम धरती से माँगी गई ईश्वर की
वह क्षमा हो-
जिसका सामना करने से बचने के लिए
संसार के सारे खट-कर्म हैं।
***

इस दुनिया में,
कोई दार्शनिक हर क्षण तुम्हें
एक घटते हुए दृश्य की तरह बरत रहा है

मौत के कुएँ में मोटरबाइक चलाने वाली
वह सवार हो तुम
जिसे दुर्घटनाग्रस्त होते देखना चाहती है
एक तमाशाख़ोर भीड़

तुम प्रेमी के मोबाइल फ़ोन में दर्ज
दस डिजिट का रुआँसा नंबर हो

तुम पतंग उड़ाती अल्हड़ लड़की हो
जिसके माझे से आदमियों की नाक उलझ जाती है
एक स्टापू खेलता बच्चा हो
जिसके पाँव में काँच के टूटे खिलौने का टुकड़ा गड़ा है

एक झल्लाए ट्रैफ़िक हवलदार का

काटा हुआ सस्ता चालान हो
होमवर्क न करने पर बच्चे के हाथों में पड़ी
संटी का दर्द हो

तुम वह सब हो-
जिसकी खरोंचों को और लंबा खींचकर
लोग अपनी मुस्कुराहट बना लेते हैं

तेज़ रौशनी की अफ़ीम में डूबी
इस दुनिया की धमाचौकड़ी से धरती घायल है
धरती के तन पर पड़ी नील तुम्हारे मन पर उभर आती है
हँसी की चादर के नीचे धरती का कष्ट लुकाने का
जतन करती ब्लैक एंड व्हाइट तस्वीर हो

आसमान में पत्री बाँचते लाल ललाट वाले
ज्योतिषी के अतिरिक्त कोई नहीं जानता

कि तुम्हारे पिता और माता
ईश्वर के दो हाथ हैं
वह जब कहना चाहता है धरती से
मिच्छामि दुक्कड़म

धुँधले चंद्रमा के मद्धम उजाले को साक्षी मान
हाथ जोड़ लेता है
(२०१९)

## भोर का उत्सव

ब्रह्मांड का मंत्रोच्चार है उगती हुई सुबहें
फूलों की गंध हवन कुंड में अहं की आहुति है

उपवन में पत्तों की खड़-खड़ नहीं
यह तो हरी चूड़ियों की खन-खन है
इत-उत डोलती चिड़ियों की चहक
वृक्षों का अहीर भैरव है

मेरा मौन
बोध की शहनाई है
पूरब में खुल गई सिंदूर की डिबिया
क्या मेरे द्वार पर ईश्वर की बारात आई है?
(२०१६)

## अपना हरा हर दिन कमाती हूँ

हमेशा छतरी साथ लिए चलते हैं जो लोग
उन्हें नहीं सुनाती बारिश का गीत

पारंगत हैं जो शास्त्रार्थ में
उनके बच्चों के साथ खेल आती हूँ
चींटी धप्प
या आइस-पाइस

जो लड़कियाँ माँगती हैं पेड़ों से मन्नतें
खोल आती हूँ उनके पानी के धागे
बीनती हूँ पृथ्वी पर झरी हुई पत्तियाँ
अपना हरा हर दिन कमाती हूँ

जन्मों-जनम तक चिट्ठियों में बिखरे रहे थे
मेरे कच्चे सुरों के तिनके
चोंच में दबाकर उठा ले जाती है आकाश से उतरी गौरैया
(कंठ में मेरे अपनी चहचह धुरक
नौतपे की तीखी आँच में राग पकाती है)
शरद के चंद्रमा के आले में धर आती लय के दीये
मेघों की दीवार फाँद
धुन चली जाती उस पार
(जाने कौन सुनता है ?
रोता है
बेमौसम पानी बरसता है)

इन दिनों कविता लिखती हूँ बहुत कम
फूँक मार तिनके उड़ा देती
डूबने वालों के आँगन में

कुछ बच्चे चले आते हैं घर लँगड़ाते हुए
जिनके पाँव में चुभ गया
प्रीत का काँटा
(प्रणाम करती हूँ बिना उन्हें जताए)

हृदय की डिबिया से निकालकर
चुटकी भर हल्दी बाँध देती हूँ

द्वार खटखटाते हुए जो देख लेता घड़ी की ओर-
बाहर से लौटा देती हूँ
(२०१९)

## मुक्ति-पर्व

महज़ रावण से नहीं,
तुम राम से भी मुक्त होना

जानकी!
तुम से है लीला-
मुक्त करना, मुक्त होना!
(२०१९)

## सत्यमेव जयते

एक छद्म संसार के आकाश का ग़ुब्बारा हो तुम
अनगिन रंग-बिरंगे ग़ुब्बारों के बीच
बल खाता
हवा की टहनियों से लिपटता
अरझता
शिव की उलझी जटा तो जैसे प्रेम है दुनियावी
सत्य उनके जूड़े की पिन नुकीली
कैसा असंभव-सा विचार है योगियों के केश का सुलझना
समय कोई बदमाश बच्चा है
किसी अघोरी पिन से फोड़ता ग़ुब्बारे

फूटे हुए ग़ुब्बारे लौट आएँगे धरती की ओर किसी दिन
छूट जाएँगे रंग कच्चे सारे
बनोगे तुम असल शहंशाह
पहनोगे किसी दिन मिट्‌टी रंग का लिबास
खोजा जा सकेगा किसी दिन
इस बात को किताबों के पार
कि मटमैला, संसार का सबसे सुंदर रंग है

सुंदरता कोई सामान नहीं घर की बैठक में सजाने के लिए
न ही हिमालय का शिखर है चढ़ जाने के लिए
वह बस! एक क्षण की साध की बात है

सत्य शिव के जूड़े की पिन नुकीली
उलझी जटाएँ प्रेम हैं
तुम्हें सुलझाना था शिव की जटिल जटा
नहीं होना था तुम्हें छद्म संसार के आकाश का गुब्बारा
तुम्हें हमेशा ही होना था मिट्टी का दीया
(२०१६)

## किस ईसा के सिर पे फिर सुलतानी आई

आदि सत्
अनादि सत् सुन
किस झींगुर की झपकी टूटी
कौन जुलाहा बता रहा फिर; भला हुआ कि मटकी फूटी

किसी
पपीहे की अज़ान पर
सूरज का अभिमान गल गया
अना धूप की डूब गई थी जहाँ; वहीं पर दिन निकल गया

रमता जोगी ?
या बूँदों से बहता पानी ?
कौन बावरा रोज़ बजाए गगन-दमामा
इंद्रधनुष के इकतारे को किस दीवाने ने फिर थामा

गौरैया
अरदास गा रही
ध्यानमगन हैं मैकल-रेवा
बाँधे हैं दस्तार पनीले; टेक रहे हैं बादल मत्था

किस
ईसा के सिर पे
फिर सुल्तानी आई
जाने किस मीरा ने फिर से ज़हर चखा है

इक मंसूर
ज़रूर कहीं पर हँसता है
तब जाकर ऐसा आषाढ़ बरसता है
(२०१८)

## हल

इस संसार के खेत में
हल हैं हम
एक दिन जब लहलहाएगा प्रेम
हमारा किसान आकाश से काटेगा फ़सल
मुफ़्त में धरती पर बेच देगा
हमारा किसान उठाएगा हमें इस खेत से
किसी और खेत जोत देगा
हल हैं हम
अपने किसान के खेतों का हल

यूँ तो संसार का एक नाम प्रश्न-पत्र भी है
हमें चाहे खेत में जोत दिया जाए
या प्रश्नों के नीचे लिख दिया जाए
एक ही नाम है हमारा
वही रहेंगे
हल हैं हम
(२०१६)

## शुक्रिया इश्क़

शुक्रिया!
कोई लफ़्ज़ नहीं है
घिसे-पिटे मुहावरे की तरह दोहराने के लिए

शुक्रिया
धरती का सबसे पुराना लोकगीत है
ऋतुओं की थाप पर
नए-नए ढंग से गुनगुनाने के लिए

ऐसे ही इश्क़!
कोई वर्दी नहीं है
फ़र्ज़ की तरह निभाने के लिए

इश्क़
फ़ख्र से फड़कती शमशीर है
नहीं! दुश्मन पर चलाने के लिए नहीं
तुम्हें
धार पर चलना सिखाने के लिए
(२०१७)

## तट से नहीं... पानी से बँधती है नाव

पिता हँसकर पूछते कि कैसा वर खोजा जाए
मैं कहा करती वर स्वयं मुझे खोज लेगा
पिता निश्चिंत रहे आए

महँगे उपहार नहीं चाहिए थे मुझे
न ही सुंदरतम उपमाओं से सज्जित कविताएँ
न ही जीवन बीमा सरीखे लंबे व जड़ वचन

मेरे साथ रहने की न्यूनतम अर्हता इतनी-सी थी
कि उसके शहर में एक नदी हो

जो पुरुष मेरे प्रेम में पड़े उनके शहरों में नदियाँ थीं
जो पुरुष मेरे द्वार की चौखट छूकर लौट गए
वे नदियों के प्रेम में पड़े

जो पुरुष नदी किनारे मेरे संग बैठे
वे जान गए

कि तट से नहीं...
पानी से बँधती है नाव
(२०१८-२०२१)